Lena Buchmann · Rebecca Meyer

Alltagsintegrierte SPRACHFÖRDERUNG im Kindergarten

NEUE IDEEN FÜR KINDER AB 2 JAHREN

Kaufmann Verlag

Inhalt

SPRECHEN & ERZÄHLEN 43

Bibliografische Information der Deutschen Bibliothek
Die Deutsche Bibliothek verzeichnet diese Publikation in der Deutschen Nationalbibliografie; detaillierte bibliografische Daten sind im Internet über http://dnb.ddb.de abrufbar.

2. Auflage 2024

Texte: Lena Buchmann
Illustrationen: Rebecca Meyer
Druck und Bindung: ADverts Printing House

ISBN 978-3-7806--5183-9

Sprache ist immer dabei!

ALLTAGSINTEGRIERTE SPRACHFÖRDERUNG

Die Kinder diskutieren Spielregeln für ein Nachlaufspiel? Das ist Sprachförderung! Sie singen im Morgenkreis? Ebenfalls Sprachförderung. Die Kinder formulieren Ideen fürs Mittagessen oder überlegen, was da draußen gerade so laut wummert? Oder sie schneiden sich Grimassen und machen Gesichtsausdrücke vor? Auch Sprachförderung. Sprache – ob verbal oder nonverbal – begleitet Sie und die Kinder den gesamten Kita-Tag über. Aber wie könnte man diese Tatsache nutzen, um die Sprache noch ein bisschen mehr aus der „Nebenbei-Ecke" zu holen? Um aus Alltagssituationen, Spielen oder sogar aus Streit Sprachlernorte zu gestalten? Und wie nehmen Sie dabei Kinder mit Deutsch als Zweit- oder Drittsprache oder Kinder mit Sprach- und/oder Sprechverzögerungen mit?

Eigentlich tun Sie es bereits. Denn wie oben erwähnt: **Jede Kommunikation zwischen Ihnen und den Kindern kann ein Motor sein, der die sprachliche Entwicklung befeuert.** Dieses Vorwort lädt ein, einmal darüber nachzudenken, wie Kommunikation zwischen pädagogischer Fachkraft und Kind sein darf und soll, damit sich sprachliche Fähigkeiten so optimal wie nur möglich entfalten können. Das Wichtigste: Auch wenn es im Kita-Alltag manchmal nicht leicht ist: Nehmen Sie sich Zeit! Bleiben Sie geduldig, hören Sie zu, lassen Sie ausreden.

Aus der Gewaltfreien Kommunikation (kurz GFK) wissen Sie bestimmt, wie wichtig es ist, unser Gegenüber beim Sprechen positiv zu bestärken, zu nicken, zu signalisieren, dass man zuhört und versteht und sich in die Person hineinversetzen kann. Dazu können Sie beispielsweise auch wiederholen, was das Kind gesagt hat – eine Art kurze Zusammenfassung geben, an die sich die Frage anschließen kann, ob Sie richtig verstanden haben, beispielsweise: „Ben hat dich geschubst und darum hast du die Flasche fallen lassen. Und das findest du ungerecht? Habe ich richtig verstanden, was du mir sagen willst?"

Ein vertrauensvolles Verhältnis auf Augenhöhe zwischen dem Kind und Ihnen ist die beste Grundlage, auf der Kommunikation funktionieren kann. Der erste Schritt zur „Sprachförderung" ist also nicht, dass Sie sich durch tonnenweise Fachliteratur kämpfen, sondern dass Sie diese Beziehung auf Augenhöhe zum Kind herstellen oder optimieren. Dazu öffnen Sie sich dem Kind bewusst und stellen auf diese Weise einen vertrauensvollen Kontakt her.

In diesem Buch finden Sie Ideen, Spiele, Anreize, ein bisschen Wissen über Kommunikation, Grammatik und Wort(schätze) und Inspirationen für Sie selbst. Das Hauptaugenmerk liegt dabei wieder auf dem Alltag: Alle Ideen passen in den Morgenkreis, in die Ess- oder Spielsituation, sie können in der Bauecke oder draußen, sogar beim Ankommen, beim Tür-und-Angel-Gespräch oder auch beim Entspannen und Ausruhen Sinn und Spaß machen. **Denn gerade darauf**

kommt es bei der alltagsintegrierten Sprachförderung an: dass Sie eine Situation, welche auch immer, als geeignet für die Sprachförderung erkennen. Vielleicht dichten Sie spontan im Bad beim Händewaschen einen kleinen Zauberspruch, mit dem die Hände noch sauberer werden. Oder Sie erfinden ein wiederholendes Sprachspiel beim Aufräumen, bei dem die Kinder ganze Sätze bilden („Ich stelle das Buch ins Regal"). Bei der alltagsintegrierten Sprachförderung brauchen Sie auch kein bestimmtes Fördermaterial. Sie müssen keine teuren Spiele, Geräte oder Bücher kaufen, **Sie nehmen bewusst Material aus der alltäglichen Umgebung der Kinder auf.** Spielsachen, Kleidung, die Bücher aus der Leseecke, sogar Material aus der Natur und Dinge, die das Wetter betreffen: All diese alltäglichen Dinge und Gegebenheiten sind es, die aus Sprachförderung ein spannendes Abenteuer machen, das die Kinder dort abholt, wo sie in ihrer Entwicklung gerade stehen. Das Handwerkszeug, das Verstehen- und Ausdrückenkönnen, das die Kinder hier lernen, ist eigentlich unersetzlich.

Als Kita, als Gruppe, als Erzieher*innen haben Sie die Möglichkeit, Kindern dieses Rüstzeug an Sprachverständnis für ihr weiteres Leben mitzugeben. Dies gelingt vor allem dann, wenn auch die Familien der Kinder mit im Boot sind. Toll ist es, wenn die Kinder zu Hause von der Kita erzählen, aber **es ist auch wichtig, dass Sie die Eltern und Familien regelmäßig darüber informieren, was gerade in der Gruppe passiert, z. B. wie Sie gemeinsam mit den Kindern das Verstehen und Benutzen von Sprache trainieren** und wie wichtig es ist, dass die Kinder zu Hause dafür Verständnis und Unterstützung erfahren. Auch und gerade Familien mit Deutsch als Zweit- oder Fremdsprache (DAZ/DAF) können Sie hier direkt ansprechen. Sie können kleinere Texte kopieren und bei Interesse mit nach Hause geben oder Bildkärtchen, die Sie für die Gruppe gestalten, zweimal herstellen und den Familien mitgeben. Richten Sie doch einen Karton mit Sprachfördermaterial her, der reihum von den Familien ausgeliehen werden kann!

In diesem Buch erhalten Sie viele inhaltliche Ideen für eine solche Sprachförderkiste, aber Sie bekommen natürlich auch originelle, neue, auf die Interessen der Kinder abgestimmte Texte wie Reime, Zaubersprüche, Zungenbrecher und vieles mehr. Denn auch das ist wichtig: Sprachförderung soll Spaß machen, die Kinder fesseln und elektrisieren, anstatt verschult und trocken mit allzu vielen Wiederholungen stupide Lerninhalte zu vermitteln. **Im besten Fall geht die Sprachförderung vom Kind/von den Kindern aus**, passend zur jeweiligen Situation in Form von Fragen, Fantastereien, Geschichten-Ausdenken, Reimen und natürlich mittels ganz vieler Diskussionen, Philosophier- und Raterunden. Halten Sie also Augen und Ohren offen nach „Ihrer" Situation und „Ihren" Sprachabenteuern!

Hören & Verstehen

1

Nicht nur der Mund und das Sprechen sind wichtig in der Sprachförderung. Dem Gehör und der Art, wie wir sprachliche Informationen auswerten können, kommt eine genauso große Bedeutung zu. Im ersten Teil dieses Buches geht es daher ums Hinhören, Lauschen, Horchen und Zuhören. Und es geht um das Verstehen der gehörten Informationen.

HÖREN UND VERSTEHEN IM KITA-ALLTAG

In vielen Situationen im Kita-Alltag – und auch später in der Schule – ist genaues Hinhörenkönnen wichtig. Manchmal ist es sogar lebenswichtig: Wenn Sie mit den Kindern einen Ausflug machen und im Straßenverkehr unterwegs sind, ist es unabdingbar, dass die Kinder gerufene Signale, beispielsweise „Stopp! Stehen bleiben!", genau verstehen können.

Geräusche & Töne

Geschirr klappert in der Kita-Küche, in der Nachbargruppe wird gesungen, draußen wummert der Motor eines Baustellenfahrzeugs: Der erste Teil dieses Buches widmet sich der auditiven Wahrnehmung, dem Hören – und wie und wo wir es im Kita-Alltag benötigen und einsetzen. Die auditive Wahrnehmung ist DIE Grundlage für das Funktionieren von Kommunikation mit gesprochener Sprache, Geräuschen oder Lauten.

DIE AUDITIVE WAHRNEHMUNG STÄRKEN

Nicht nur mit den Ideen in diesem Kapitel, sondern auch mitten im Alltag, zwischendurch und nebenbei können folgende Ideen ebenfalls zur Förderung der auditiven Wahrnehmung beitragen:

- Vorlesen
- Hörspiele auf CD (ohne Bild) anhören
- Handytöne oder Anrufmelodien anhören, unterscheiden und erinnern können

Hör mal hin!

GERÄUSCHE, LAUTE UND KLÄNGE IN DER KITA

Auditive Identifikation

Das brauchen Sie Stoppuhr (beispielsweise auf dem Smartphone) • einen Bogen Papier • Papierreste oder Zeitungspapier • einen Stift • einen Holzbaustein • einen Kunststoffbaustein

Diese kleine Idee passt im Morgenkreis oder wenn es irgendwie gerade mal zufällig leise wird. Sie kann aber auch dann zielführend sein, wenn Riesenlärm in der Gruppe entstanden ist, und uns zeigen, wie sensibel und überfordert unsere Ohren manchmal damit sind. Das Spielmaterial haben Sie direkt im Gruppenraum zur Hand.

Kommen Sie mit den Kindern im Kreis oder in der Kuschelecke zusammen. Wenn jetzt alle ganz, ganz leise sind, wird es spannend. Können die Kinder eine Minute oder etwas länger einmal ganz, ganz still sein? Stoppen Sie die Zeit! Wenn das klappt, probieren Sie es gleich noch mal. Diesmal fordern Sie die Kinder auf, genau darauf zu lauschen, welche Geräusche sie jetzt, wo es so leise ist, außerhalb der Gruppe hören können. Das kann die Gruppe im Nebenraum sein oder ein Bote, der in die Kita kommt, eine Wasserspülung oder Schritte im Gang. Sammeln Sie

TON, GERÄUSCH ODER LAUT?

Unser Alltag ist bestimmt von Geräuschen, Tönen, Klängen und Lauten aller Art. In Windeseile leiten die Nervenzellen in unserem Ohr in Form von Geräuschwellen empfangene Informationen ans Gehirn weiter. Aber was genau hören wir denn da?

Geräusch: Alles, was wir hören können (was im für uns Menschen hörbaren Frequenzbereich liegt), ist im weitesten Sinne des Wortes ein Geräusch. „Geräusch" ist sozusagen der Oberbegriff für alle gehörten Informationen. Ursprünglich muss das Rauschen (von Bäumen oder Wasser) für unsere Vorfahren, die die ersten Worte erfanden, wichtig gewesen sein, denn aus der Erfahrung des „Rauschens" ist dieses Wort entstanden.

Ton: Ein Ton ist ein ganz bestimmtes Geräusch, und zwar eines, das durch ein Instrument oder eine Stimme entstanden ist. Geräusche haben keine erkennbare Tonhöhe oder Klangfarbe (obwohl die Wissenschaft hier gerade streitet), Töne dagegen können musikwissenschaftlich einer mehr oder weniger bestimmten Tonhöhe zugeordnet werden. Mehrere Töne zusammen ergeben einen Klang.

Laut: Auch ein Laut ist ein bestimmtes Geräusch. Es wird durch eine Stimme hervorgerufen (von Mensch oder Tier). Mit den Lauten beschäftigt sich die sogenannte Phonetik (Laute werden wissenschaftlich auch als Phone bezeichnet).

die Eindrücke der Kinder und versuchen Sie gemeinsam herauszufinden, was diese Geräusche wohl bedeuten.

Wenn die Kinder noch Geduld haben, können sich alle die Augen zuhalten oder mit dem Rücken zu Ihnen an die Wand setzen. Zuvor zeigen Sie kurz Ihre Geräuschmaterialien: Papier, Stift, Bausteine und benennen sie gemeinsam. Nun machen Sie damit ein Geräusch. Können die Kinder ohne Hinsehen erraten, was da gerade an ihr Ohr dringt?

ZUM EXPERIMENTIEREN UND RATEN

Schließen Sie doch ein Gespräch über Geräusche und über die Ohren an! Wissen die Kinder, warum sie eine Ohrmuschel haben? Richtig, damit Geräusche, die als Wellen durch die Luft wabern, besser eingefangen werden können: Die Ohrmuschel ist wie ein Trichter. Kennen die Kinder Trichter? Lassen Sie Sand durch einen Trichter rieseln. Genauso funktioniert unser Ohr! Warum brauchten die Menschen früher und viele Tiere auch heute noch wohl so gute Ohren?

Rehe spitzen die Ohren

EIN WALDSPIEL FÜR DRINNEN UND DRAUSSEN

Richtungshören

Das brauchen Sie im Wald zwei Steine oder Stöcke

Das brauchen Sie drinnen ein Klanginstrument, beispielsweise ein Glöckchen (auch als Material für die Sprachförderkiste)

MATERIAL FÜR DIE SPRACHFÖRDERKISTE

Warum haben Rehe so große Ohren? Wer hat schon mal gesehen, wie sie diese Ohren drehen können? Warum machen sie das wohl? In diesem Spiel werden die Kinder selbst zu Rehen und finden heraus, woher Geräusche kommen.

Das Hören von Geräuschen kann für uns sehr wichtig sein. Früher, als die Menschen noch in der wilden Natur lebten, warnte sie der Hörsinn, wenn sich bei-

AUDITIVE LOKALISATION

Die sogenannte *auditive Lokalisation* (die Fähigkeit des Richtungshörens) ist ein Ergebnis des Hörens mit einem Ohr oder mit beiden – beim Menschen! Tiere haben noch mehr Möglichkeiten, denn sie können ihre Ohren drehen. Bei Menschen ist es wichtig, dass die beiden Ohren in einem bestimmten Winkel stehen und dass die Ohren korrekt funktionieren und gesund sind.

spielsweise ein gefährliches Raubtier anschlich. Oder das genaue Lauschen konnte ihnen den Weg zum nächsten Gewässer weisen. Haben wir das heute verlernt? Stellen Sie sich mit den Kindern in einem ganz engen Kreis zusammen. Alle neigen die Köpfe nach vorne (wie eine Football-Mannschaft, die sich berät). Ein Kind verlässt den Kreis und geht mehrere Meter weit weg. Dann lässt es Geräusche erklingen (die beiden Steine aneinanderschlagen, das Klanginstrument anspielen). Woher kommt der Ton? Können die Kinder mit geschlossenen Augen die Richtung zeigen?

VARIATION

Auch nur ein (mutiges) Kind kann eine Augenbinde bekommen. Alle anderen Kinder stehen in einem weiten Kreis um es herum. Alle Kinder benötigen hier ein Klang- oder Lärminstrument. Ein Kind aus dem Kreis spielt nun sein Instrument an. Kann das Kind nur durch genaues Hinhören, herausfinden, aus welcher Richtung dieser Ton kam, und mit dem Finger dorthin zeigen?

VERSTÄRKUNG

Kennen die Kinder die Wörter vorne, hinten, neben, oben, unten? Diese Wörter können die Kinder hier benutzen, um die Richtung nicht nur zu zeigen, sondern auch zu benennen: „Der Geräusch kommt von dort vorne/hinten!“ Orientierung im Raum und Richtungshören liegen nämlich ganz eng beieinander.

HÖRSTÖRUNGEN BEI KINDERN

Bei Kindern können hörschädigende Medikamente und auch die Nachwirkungen von Infektionskrankheiten (Mittelohrentzündungen) zu Schädigungen im Innenohr führen. Gerade das *binaurale Hören* (das Hören mit beiden Ohren) kann dann beeinträchtigt sein. Sollte Ihnen das beim Spielen auffallen, treten Sie in Kontakt mit den Eltern, damit es medizinisch abgeklärt werden kann.

Der Bär hält Winterschlaf!

EIN SPIEL ZUM RICHTUNGSHÖREN

Laut und leise unterscheiden, Richtungshören

Das brauchen Sie eine große Decke oder ein Tuch • einige Kissen • Mützen, an die Sie zuvor kleine Glöckchen oder Schellen genäht haben, oder Schellenbänder zum Tragen am Hand- oder Fußgelenk

Bären halten im Winter einen gemütlichen Winterschlaf. Dazu suchen sie sich eine Höhle und kuscheln sich ein. Aber was passiert, wenn ein Bär plötzlich aufgeschreckt wird, beispielsweise durch Klingelwichtel? In diesem Spiel können die Wichtel versuchen, einmal ganz leise zu sein, um den Bären nicht aufzuwecken.

Ein Kind ist der Bär: Es kuschelt sich in die Decken, schließt die Augen und breitet (Achtung, immer unter Aufsicht) die Decke über sich aus. Die anderen Kinder sind die Klingelwichtel und legen Bänder oder Mützen mit Schellen oder Glöckchen an. Zunächst können die Kinder einmal ausprobieren, wie es sich anhört, wenn sie sich damit bewegen. Wenn die Kinder genug ausprobiert haben, startet das Spiel: Der Bär liegt mit seinen Decken in der Kreismitte. Die Wichtel sitzen im Kreis um ihn herum. Nun bewegt sich immer jeweils ein Wichtel, sodass seine Glöckchen klingeln, beispielsweise kann der Wichtel einen Tanz aufführen. Clevere Wichtel versuchen dabei aber so wenig Lärm wie möglich zu machen. Kann der Bär unter seiner Decke hervor in die Richtung zeigen, aus der seiner Meinung nach der Lärm kommt? Liegt er richtig, tauscht er mit dem Wichtel den Platz und die Rolle und eine neue Spielrunde kann beginnen.

ZUM EXPERIMENTIEREN UND RATEN

Stellen Sie den Kindern verschiedene eng anliegende Mützen und Kopfhörer (oder Gehörschutz) zur Verfügung: Welche Geräusche kann man noch hören, wenn man diese anzieht?

Laaaang oder kurz?

ab 2 Jahren

EIN SPIEL MIT TÖNEN UND KLÄNGEN

Auditive Differenzierung

Das brauchen Sie Klang- oder Lärminstrumente in kleiner Auswahl, beispielsweise eine Klangschale oder einen Gong, eine Holzblocktrommel (ersatzweise einen Topf mit Kochlöffel) • ein Xylo- oder Metallofon • eine Handtrommel • Klanghölzer • eine Triangel

Ob ein Ton lang oder kurz ist, ist doch egal? Keinesfalls, denn gerade diese Nuancen sind wichtig, um Sprache und Sprachfluss zu beherrschen, und später, um den Rhythmus in gereimter Sprache zu erkennen. In diesem Spiel können die Kinder das auf ganz einfache Art erfahren. Sie können es auch überall zum Einsatz bringen – dazu mehr Tipps unten.

Kommen Sie mit den Kindern im Sitzkreis zusammen. Spielen Sie einmal die Klangschale an. Die Kinder können zählen, wie lange der Ton anhält, bis er schließlich verklingt – es muss auch nicht ganz genau sein. Das war ein langer Ton. Es gibt aber auch kurze Töne: Spielen Sie dazu ganz kurz die Holzblocktrommel an. Wie lange dauert dieser Ton? Was meinen die Kinder? Nun können die Kinder selbst die Instrumente ausprobieren. Können sie sie anschließend sortieren in „lang klingende Töne" und „nur kurz klingend"? Wiederholen Sie gemeinsam bei jedem Instrument den Namen des Instrumentes und seinen Ton, beispielsweise: „Das ist eine Triangel, der Ton ist eher lang" oder „Das ist eine Trommel, der Ton ist ganz kurz". Wie könnte die Trommel längere Töne abgeben? Was meinen die Kinder? Richtig, wenn man mit der Hand über das Fell der Trommel streicht. Dann ergibt sich allerdings auch ein anderes Geräusch.

ZUM EXPERIMENTIEREN UND RATEN

Die Spülmaschine oder Mikrowelle in der Kita-Küche piept? Eine Uhr schlägt irgendwo? Eine Maschine brummt? Auch diese Geräusche oder Töne können kurz oder lang sein. Wenn Sie einen solchen Ton hören, überlegen Sie mit den Kindern: Ist er kurz oder lang? Laut oder leise? Hell oder tief? Angenehm oder störend? Machen Sie auch mit der eigenen Stimme kurze und lange Töne!

Elefanten an Bord!

EIN LAUT-LEISE-KLANGGEDICHT

Auditive Aufmerksamkeit

Das brauchen Sie

- Für den Tintenfisch: ein Xylofon
- Für die Wellen: Rainmaker oder Oceandrum
- Für die Elefanten: Trommeln und andere Schlaginstrumente (je nach Vorrat)

Wenn eine Herde Elefanten auf einem Schiff herumtrampelt, kann es laut werden. Das erfährt der kleine Tintenfisch in diesem Klanggedicht – und wundert sich natürlich, woher das Getöse kommt. Die Kinder können sich dabei sensibilisieren und aufmerksam werden für Lautstärken. Auch im Kita-Alltag kann es ja manchmal sehr laut werden …

Bevor Sie beginnen, können die Kinder die Instrumente testen. Welche klingen laut, welche sind ganz leise? Welche sind mittel? Gibt es Instrumente, die man in verschiedenen Lautstärken spielen kann? Was ist angenehmer?

Dann geht es los: Ein Kind oder Sie selbst übernehmen das Xylofon als Tintenfisch, ein oder zwei Kinder spielen die Wellen per Oceandrum/Rainmaker, die restlichen Kinder dürfen sich als laute und leise Elefanten versuchen.

Ein Tintenfisch, gemütlich im Meer,
der schlenkert die Beine und freut sich sehr.

Tonfolge nach Wahl auf dem Xylofon spielen

Leise ist's hier im Wasser im Meer,
Wellen plätschern aus der Ferne hierher.
flüstern, ganz leise Wellen erklingen lassen: Oceandrum und/oder Rainmaker anspielen

Ein Schiff fährt heute in voller Fahrt,
jetzt ratet, was es geladen hat?
ein Schlag auf dem Xylofon

Elefanten, die stehen auf dem Schiff herum,
wenn sie stampfen, macht's: Rumsdibumm!
die Trommeln ganz zart und leise anschlagen

Und wenn sie erst singen oder trompeten,
und dazu dann mit den Füßen treten …
die Trommeln lauter spielen

… wird's immer lauter, es zittert das Schiff,
da landet es schon am Tintenfischriff.
die Trommeln ganz laut spielen

Zuerst hört Tinti nur leises Brummen,
dann wird es lauter, das Trompeten und Wummern.
die Trommeln von leise nach laut spielen

Der Tintenfisch erschrickt, oje!
Der Lärm tut ihm schon richtig weh!
einige schrille/unharmonische Töne auf dem Xylofon

Da kommt eine Welle und „Schwapp!" kippt das Schiff,
landet schon fast bei Tinti im Riff.
Oceandrum und Rainmaker anspielen

Vor Schreck sind die Elefanten jetzt plötzlich ganz still,
weil keiner ins Meer zu Tinti will.
Stille, „Pst!" machen

Jetzt wispern sie leise und treten ganz sacht,
passen auf, dass keiner ein Tönchen macht!
leise die Trommeln spielen, dann immer leiser werden und schließlich verstummen

ZUM DISKUTIEREN

Haben die Kinder auch schon mal Geräusche gehört, die ihnen unangenehm waren? Wann ist/war das so? Was könnte man da unternehmen? Machen Sie draußen mit den Kindern einen Spaziergang und lauschen sie gemeinsam in die Umgebung: Gibt es eine Baustelle in der Nähe? Bus- und Straßenverkehr? Einen Park mit Vogelstimmen? Einen Wald weit weg von der Autobahn? Formulieren Sie mit den Kindern, was gerade laut und was leise ist und wie es auf sie wirkt: „Der Laster macht ein ganz lautes Geräusch, das mag ich/mag ich nicht." Bemerken die Kinder auch, dass Geräusche auf uns ganz unterschiedlich wirken? Manche Menschen mögen laute Musik, andere nicht. Einige stört schon ein kleines Geräusch, andere nicht.

Die kleinen Fliegen und der Brummer

EIN MITMACHGEDICHT ZUM ERFAHREN VON HOHEN UND TIEFEN TÖNEN

Auditive Aufmerksamkeit

KINDER MIT DAZ

Jetzt wird es sportlich, denn bei diesem kleinen Gedicht ist Körpereinsatz gefragt: Das ermöglicht den Kindern, Töne und Klänge mit dem Körper auszudrücken und hautnah zu erfahren.

Versammeln Sie sich in einem lockeren Stehkreis. Im Folgenden können sich die Kinder bei hohen Geräuschen, die im Text vorkommen, ganz hoch recken und die Arme nach oben strecken. Bei tiefen Geräuschen gehen sie kurz (oder auch lang – je nachdem, wie es im Text vorkommt) in die Hocke. Um hoch und tief für die Kinder deutlich unterscheidbar zu machen, müssen Sie Ihre Stimme an den betreffend gekennzeichneten Stellen im Text entsprechend ganz hoch oder auch tief klingen lassen. Lauschen Sie vorab einmal – wenn jahreszeitlich möglich – in die Natur: Hier gibt es Hummeln, Käfer oder Libellen, die beim Fliegen ganz tief summen, und kleine Fliegen oder Mücken, die hell sirren und summen. Diese beiden Hauptdarsteller, Hummel und Fliege, bestreiten auch das Mitmachgedicht.

Es war einmal eine große Hummel,
die machte summend auf Blüten 'nen Bummel.
tief sprechen, die Kinder gehen in die Hocke

Die Hummel war ein ganz dicker Kerl,
ein Brummer von Größe, so hatte sie's gern.
tief sprechen, die Kinder gehen in die Hocke

Dabei hatte sie einen Freund, winzig klein,
eine Mücke, die sirrte und flirrte hintendrein.
ganz hell sprechen, die Kinder recken und strecken sich

Die Mücke, die rief: „Du kommst ja gar nicht vom Fleck!"
Da kam ein Vogel und schnappte sie weg.
hoch sprechen, hoch recken, in die Hände klatschen

Der dicke Brummer, die Hummel, flog weiter,
war auch ohne die Mücke sehr heiter.
tief sprechen, wieder in die Hocke gehen

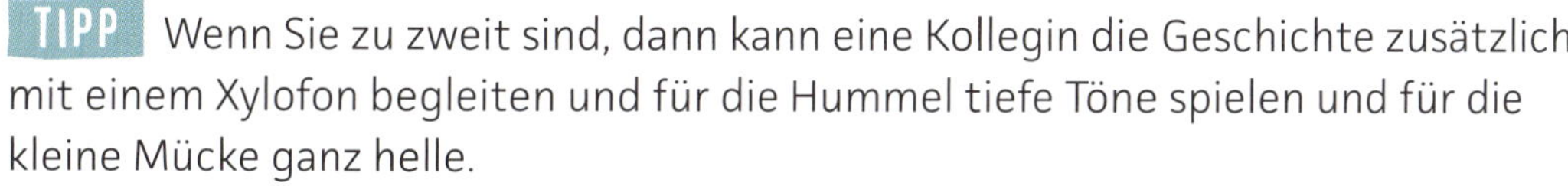

TIPP Wenn Sie zu zweit sind, dann kann eine Kollegin die Geschichte zusätzlich mit einem Xylofon begleiten und für die Hummel tiefe Töne spielen und für die kleine Mücke ganz helle.

EXPERIMENTIEREN ZU MUSIK

Die Kinder können auf diese Weise auch Musikstücke (am besten klassische Musik mit gut unterscheidbaren hohen und tiefe Tönen) nach eigenen Eindrücken mit dem Körper begleiten. Besprechen Sie noch einmal genau, was hohe und tiefe Töne sind.

Sprachrhythmus & Takt

Taktvoll klingen oder kraftvoll abklatschen: In diesem Kapitel geht es um das Erfahren von Sprach- und Sprechrhythmus mit dem eigenen Körper. Stampfen, klatschen, schnipsen, klopfen, tanzen und klingen Sie mit! Hier erfahren die Kinder spielerisch, dass unsere Sprache in kleine und kleinste rhythmische Einheiten zerlegt werden kann, damit sie verstehbar und zum Kommunikationsmittel wird.

DAS RHYTHMUSGEFÜHL STÄRKEN

Zusätzlich zu den Ideen in diesem Kapitel können Sie mit den Kindern:

- häufig singen und dazu mitklatschen;
- Rhythmus- und Klanginstrumente bei Klanggeschichten einsetzen;
- stampfen, trampeln, klopfen zu Gedichten oder zu Musik;
- tanzen und Tanzspiele in den Alltag aufnehmen.

Was Riesen machen

EIN STAMPF- UND KLATSCHGEDICHT

Sprach- und Sprechrhythmus

Die einfachste Art, den Rhythmus von Sprache mit dem Körper mitzuerleben, ist das Mitklatschen. Hier verbinden die Kinder Klatschen, Stampfen und Lachen!

„Heute geh'n wir Bäume fällen,
spielen damit wie mit Bällen!"
den Text mit Mitklatschen begleiten

So lachen die Riesen, spucken in ihre Hände,
stampfen durch das Waldgelände.
passend zum Text wenn möglich rhythmisch mitstampfen

„Morgen geh'n wir Felsen schubsen,
wollen dazu singen und pupsen!"
wieder stehen bleiben und mitklatschen

So lachen die Riesen, spucken in ihre Hände,
stampfen durch das Waldgelände.
wieder stampfen

„Gestern war'n wir Steine essen,
krümeln, rülpsen unterdessen."
mitklatschen

So lachen die Riesen, spucken in ihre Hände,
stampfen durch das Waldgelände.
mitstampfen

Jetzt halten sie an und setzen sich hin,
weil sie alle müde sind.
hinsetzen und etwas ausruhen

WAS IST RHYTHMUS, WAS IST TAKT?

Rhythmus umgibt uns ständig: Wir erleben den Rhythmus von Nacht und Tag, den Rhythmus der Jahreszeiten. Ein Rhythmus ist also ein regelmäßiger, andauernder Wechsel. Beim Sprechen finden wir den Rhythmus in der Abfolge von betonten und unbetonten Silben. In der Musik ist der Rhythmus eine bestimmte, systematische Abfolge von Schallerlebnissen (Geräuschen, Tönen).

Takt heißt übersetzt so viel wie Berührung oder Stoß (es kommt vom lateinischen Wort „tactus"). Der Takt ist ein Fachwort, beispielsweise in der Musik- und Literaturwissenschaft: In der Musik ist es die grundlegende Struktur aller Musikstücke, mit der man angeben kann, wie schnell ein Musikstück ist oder wie langsam und in welcher besonderen, wiederkehrenden Reihenfolge Laute, Töne, Noten gespielt werden.

RHYTHMEN ERFAHREN BEIM SPRECHEN(LERNEN)

Das Gefühl für Töne und Musik, Singen, Tanzen und das Erleben von Rhythmen ist für Kinder wichtig, denn es hilft ihnen bei der Gehörbildung und ist die Grundlage dafür, gesprochene Sprache richtig zu verstehen. Denn die Sprache, die wir hören, müssen wir erst einmal aufteilen, damit sie verständlich wird. Beim Hören von gesprochenen Botschaften an uns lauschen wir (meist unbewusst) auf Markierungen oder Orientierungshilfen wie Sprechpausen, Änderungen der Lautstärke oder der Sprechmelodie im Redefluss. Sprechrhythmus, Intonation, Sprechtempo, lange und kurze Vokale gehören zur sogenannten Prosodie. Störungen der Prosodie sind unter anderem typisch für bestimmte Erkrankungen wie das Asperger-Syndrom (Autismus).

ZUM EXPERIMENTIEREN UND RATEN

Bestimmt kennen Sie und auch schon die Kinder Computerstimmen oder künstliche Sprachnachrichten: Wir hören sie aus dem Navigationsgerät, bei Telefonhotlines, in Anleitungen oder in Filmen, in denen Roboter früherer Generationen sprechen. Was diesen sprachlichen Botschaften fehlt, ist die „Prosodie", jegliche Form von Betonung, Akzent, korrektem Sprechrhythmus. Es macht Spaß, das mit den Kindern nachzustellen. Sprechen Sie doch einfach mal eine Zeit lang, als wären Sie alle Roboter oder Sprachnachrichten!

Heut war bei uns ein Tier

EIN VERRÜCKTES MITKLATSCHLIED

Sprach- und Sprechrhythmus

Zu der Melodie des altbekannten Liedchens „Ich wollt, ich wär ein Huhn" können die Kinder dieses Lied singen und klatschend begleiten. So erleben die Kinder mit dem eigenen Körper den Rhythmus besser und können sich durch die Bewegung noch mehr mit einbringen. Statt als Lied können es ältere Kinder als Klatschreim ausführen.

ALS LIED

Wenn Sie die Verse als Lied singen möchten, dann singen Sie das letzte Wort in jeder Zeile nur einmal: „Heut war bei uns ein Tier, das klopfte an der Tür, ich machte ihm schnell auf, das Tier, das machte: Schnauf!" usw.

ALS KLATSCHGEDICHT

In dieser Variation wird das letzte Wort in jeder Zeile dreimal wiederholt. Zum Klatschen: Beide Hände zuerst auf die Oberschenkel, dann die Handflächen gegeneinander, dann die Hände gegen die Hände des Gegenübers schlagen. Einfacher ist das Mitklatschen mit den eigenen Händen im Kreis.

Heut war bei uns ein Tier, Tier, Tier,
das klopfte an der Tür, Tür, Tür.
Ich machte ihm schnell auf, auf, auf,
das Tier, das machte: Schnauf, schnauf, schnauf!

Draußen war es nass, nass, nass,
das machte ihm noch Spaß, Spaß, Spaß,
es schüttelte sein Fell, Fell, Fell,
und ich war nass ganz schnell, schnell, schnell.

Ich gab ihm eine Wurst, Wurst, Wurst,
doch dann hatten wir Durst, Durst, Durst.
Da holte ich schnell Bier, Bier, Bier,
für dieses nette Tier, Tier, Tier.

Dann sang das Tier ein Lied, Lied, Lied,
und ich, ich sang gleich mit, mit, mit.
Dann winkte es goodbye, bye, bye,
komm gern noch mal vorbei, -bei, -bei.

Wer hat alles Hunger?

ab 2 Jahren

ZWEI MITTAGESSEN-TISCHKLOPFER

Sprach- und Sprechrhythmus

KINDER MIT DAZ

Das Essen steht noch nicht auf dem Tisch? Dann bauen Sie schnell diese beiden Klopfgedichte ein, die Sie auf der Tischplatte machen können. Sie verkürzen die Zeit bis zum Essen und machen Sprachrhythmus per Hand erfahrbar.

Klingel, klangel

Klingel, klangel, klongel,
die Hexe schlägt die Trommel,

abwechselnd mit den Zeigefingern im Takt auf den Tisch schlagen

die Riesen stampfen schnell herbei,

mit den Fäusten im Takt auf den Tisch trommeln

treten den ganzen Wald zu Brei.

mit den Handflächen auf den Tisch schlagen

Her mit dem Essen!

Da flitzen kleine Mäuschen,

mit der Hand ganz schnell über den Tisch flitzen

hüpfen winz'ge Läuschen,

mit den Händen oder nur mit den Zeigefingern
Hüpfbewegungen auf der Tischplatte machen

da watscheln Pinguine eilig herbei

mit den Handflächen auf den Tisch schlagen

und Dinosaurier suchen 'ne Knabberei.

mit den Fäusten auf den Tisch schlagen

Da schlängeln sich Schlangen über den Tisch.

mit den Zeigefingern über den Tisch fahren

Her mit dem Essen, her mit dem Fisch!

mit den Handflächen auf den Tisch schlagen
oder ganz laut rufen

Heut kommen wilde Wolken

EIN TANZLIED MIT SELBST GEMACHTEN RASSELFLASCHEN

Sprachrhythmus

Das brauchen Sie kleine, leere PET-Flaschen, sauber ausgespült und trocken, mit Verschlüssen • Füllmaterial nach Ideen der Kinder (kleine Gegenstände, die in die Flasche passen, Beispiele unten) • Acrylfarben, Pinsel und Schwämmchen • breites, farbiges Klebeband

Schnell eine Rasselflasche für jedes Kind – und schon können die Kinder damit ihr eigenes Tanzlied untermalen. Dabei richtet sich das Rasseln nach dem Wetter: schön, gewittrig, leise mit Schnee oder mit Regen.

Wenn Sie so viel Zeit haben, dann ist es für die Kinder toll, wenn sich jedes Kind seine eigene Rasselfalsche herstellen darf. Dazu können die Kinder ihre Flaschen nach eigenen Ideen mit den Bastel- oder Acrylfarben bunt bemalen, beispielsweise mit Mustern oder Motiven. Die schlankere Fläche in der Mitte der Flasche, die die Kinder später greifen, können die Kinder mit etwas buntem Tape umwickeln, damit sie später nicht abrutschen.
Zum Füllen können die Kinder im Außengelände auf die Suche nach Schätzen gehen: Steine, Sand, kleine Zweige, auch Wasser (dann gut zuschrauben!), Blätter, Eicheln, Grashalme – alles ist geeignet und ergibt beim Rasseln einen eigenen Sound.
Können die Kinder beim Ausprobieren ihrer Flaschen feststellen, welche laut klingen, welche eher leise und bei welchen man fast nichts hört? Dann können sie ihre Flaschen beim Tanzlied in Aktion bringen. Singen Sie beispielsweise zur Melodie des Kinderliedes „Der Kuckuck und der Esel“ oder zur Melodie von „Ich bin ein dicker Tanzbär“ (dann aber die beiden letzten Verse jeweils nur einmal singen). Zunächst können die Kinder das Lied nur im Sitzen mitsingen (wenn möglich), in einer zweiten Runde kann dazu getanzt werden, beispielsweise nach diesen Ideen:

Heut kommen wilde Wolken
mit Regen und mit Wind.
Bald wird es sicher regnen, bald wird es sicher regnen,
drum rein ins Haus geschwind, drum rein ins Haus geschwind.

zur letzten Zeile dieser Strophe stehen alle Kinder mit mittellauten Rasselflaschen auf und rasseln und tanzen dazu – wenn möglich, im Takt

Heut kommen wilde Wolken
mit Hagel, Blitzen grell.
Bald wird es sicher hageln, bald wird es sicher hageln,
drum rein ins Haus ganz schnell, drum rein ins Haus ganz schnell.

bei dieser Strophe stehen zur letzten Zeile Kinder mit sehr lauten Rasseln auf und rasseln und tanzen dazu – wenn möglich, im Takt

Heut kommen wilde Wolken
mit Kälte, Schnee und Eis.
Bald wird es sicher schneien, bald wird es sicher schneien,
drum rein ins Haus ganz leis', drum rein ins Haus ganz leis'.

diese Strophe wird ganz leise gesungen und die Kinder mit den leisen Rasseln stehen auf und tanzen nach ihren eigenen Ideen im Takt

Heut kommen keine Wolken,
der Himmel ist heut klar.
Bald wird die Sonne scheinen, bald wird die Sonne scheinen,
drum ab nach draußen, denn: Hier ist es wunderbar!

diesmal erheben sich alle Kinder und rasseln und tanzen passend

Aufmerksam lauschen

Ganz genau hinhören – mit Konzentration! Die Alltagsideen in diesem Kapitel eignen sich, um spielerisch die sogenannte auditive Differenzierung und Selektion zu fördern. Diese Kreisspiele, Klangideen für den Morgenkreis und Selbstmach-Ideen für echte Spitzohren passen mühelos in den Kita-Alltag.

DIE AUDITIVE AUFMERKSAMKEIT FÖRDERN

Auch im Alltag bieten sich immer wieder Situationen an, in denen Sie gezielt die auditive Aufmerksamkeit fördern können, beispielsweise:

- auf einem Spaziergang ganz genau auf Geräusche (Tiere, Verkehr, etc.) lauschen und später darüber sprechen;
- Bei einem Leise-Tag (oder einem Leise-Vormittag) nur flüstern, sodass die Kinder sich beim Hören mehr anstrengen müssen;
- Klangschalen- oder Klanggabelgeräuschen nachlauschen, bis sie verklungen sind.

Die Tiere treffen sich

EIN MUSIKSTOPPSPIEL ZUM EINSTIEG

Auditive Selektion

Das brauchen Sie CD-Spieler mit Lieblingsmusik der Kinder • Tierkärtchen (immer zwei gleiche Tiere) in der Anzahl der Kinder

KINDER MIT DAZ

Das richtige Geräusch aus einer Lärmkulisse heraushören? Bei diesem Musikstopp-Spiel mit viel Bewegung wird dieses wichtige Training fast zur Nebensache. Es macht auf einer Faschingsparty richtig viel Spaß und eignet sich auch, um zwischendrin etwas Schwung und Bewegung in die Gruppe zu bringen.

Für dieses Spiel benötigen Sie Tierpaar-Kärtchen: Sie können beispielsweise ein Bauernhof-Memoryspiel plündern oder eigene Kärtchen herstellen. Wichtig wäre, dass jedes Tier zweimal vorkommt und dass die Tier(paar)e, die Sie auswählen, bezeichnende Geräusche machen. Wählen Sie also keinen Fisch, sondern eine Katze. Auch Löwen, Elefanten, Hunde, Kühe, Schweine, Gänse, Enten, Frösche, Mäuse und Vögel eignen sich. Stellen Sie so viele Karten her, wie Kinder mitspielen.

WAS IST AUDITIVE SELEKTION?

Auditive Selektion oder auch auditive Figur-Grund-Wahrnehmung beschreibt die Fähigkeit, bestimmte (wichtige) Geräusche vor einer Geräuschkulisse aus anderen Geräuschen heraushören bzw. herausfiltern zu können. Wir alle praktizieren täglich diese auditive Selektion, etwa beim Sprechen, während im Hintergrund Musik oder Fernsehen läuft. Ist diese Fähigkeit nicht oder zu wenig ausgebildet, können Probleme beim Verstehen auftreten. Kinder mit Problemen in diesem Bereich fühlen sich oft in lauter Umgebung sehr unwohl, weil es ihnen nicht leichtfällt, Nebengeräusche zu „überhören". Auch Legasthenie und Konzentrationsprobleme stehen in Zusammenhang damit.

Blind zieht sich jedes Kind ein Kärtchen, das es den anderen Kindern nicht zeigen darf. Dann stellen Sie die Musik an. Zur Musik tanzen die Kinder durch den Raum. Beim Musikstopp sollen sich nun die Tierpaare finden. Dazu macht jedes Kind nun typische Laute seines Tieres nach (Miauen, Bellen, Muhen, …). Die Paare müssen sich nun zusammenfinden, indem sie ihren Paar-Laut heraushören und sich zusammenstellen.

TIPP Spielen Sie gern mehrere Runden und tauschen Sie die Tierkärtchen aus, indem die Kinder immer wieder neue Tiere dazunehmen: Wer weiß, wie Wale singen? Wie heulen Wölfe? Welches Geräusch machen Seehunde oder Möwen?

Die Tiere suchen ihren Reim

SPIELMÖGLICHKEITEN MIT TIER-REIMEN

Auditive Differenzierung

Das brauchen Sie Blanko-Kärtchen • Buntstifte • CD-Spieler mit Kindermusik • Tablett oder Tuch

MATERIAL FÜR DIE SPRACHFÖRDERKISTE

Auf viele Tiernamen lassen sich Reime finden, beispielsweise Ziege – Liege. Wenn Ihre Kinder viele Tiere kennen und schon fit im Reimen sind, machen ihnen diese verschiedenen Spielvariationen mit den Tierreimen Spaß.

Malen Sie mit den Kindern (oder auch allein vorweg, dann ist es für die Kinder spannender) die Reimkärtchen: Zeichnen Sie dazu mindestens sechs bis neun Reimpaare auf. Auf ein Kärtchen kommt immer das Tier, beispielsweise die Ziege aus dem obigen Beispiel, auf das Partnerkärtchen zeichnen Sie den Reim, also hier beispielsweise die Liege (oder Wiege).

SPIELMÖGLICHKEIT 1: REIM-TABLETT

Legen Sie die Kärtchen vermischt und offen auf ein Tablett. Die Kinder sollen nun die Kärtchen zu Reimpaaren sortieren. Dabei ist es wichtig, die Reimpaare gemeinsam laut zu sprechen, damit die Kinder entdecken: Die Wörter hören sich fast gleich an, aber nur fast. Ein kleiner Laut macht den Unterschied. Fangen Sie, falls Ihre Kinder noch ungeübt sind, mit wenigen Kärtchen an und ergänzen Sie je nach Interesse und Fähigkeit der Kinder immer mehr Kärtchen.

SPIELMÖGLICHKEIT 2: REIM-MEMORYSPIEL

Legen Sie zunächst sechs Reimpaar-Kärtchen verdeckt aus. Die Kinder sollen wieder die Reimpaar-Kärtchen finden, diesmal allerdings nach den Memory-Spielregeln.

SPIELMÖGLICHKEIT 3: MUSIKSTOPP-SPIEL

Wie im vorhergehenden Spiel tanzen die Kinder zu Musik durch den Raum, nachdem sie vorweg je ein

Kärtchen gezogen haben. Beim Musikstopp müssen sich die Reimpartner finden. Dazu müssen die Kinder sich nicht nur die Kärtchen zeigen, sondern sie müssen auch prüfen, ob sie den richtigen Partner gefunden haben, indem sie die Reime gemeinsam sprechen.

TIPP Es gibt viele Tierreime, mischen Sie immer wieder neue Reime unter Ihre Kärtchen, sodass es den Kindern nicht langweilig wird. Die Kärtchen können auch in Ihre Sprachförderkiste wandern und dort noch lange und von vielen Kindern benutzt werden. Darum können Sie sie, falls möglich, auch laminieren.

FOLGENDE REIMPAARE ENTHALTEN TIERE

Maus – Haus, Kuh – Schuh, Fisch – Tisch, Hund – Mund, Wurm – Turm, Hase – Nase/Vase, Taube – Schraube/Traube, Igel – Spiegel, Ziege – Liege, Fliege – Wiege, Stier – vier, Schnecke – Decke, Hahn – Zahn, Pferd – Herd, Schwein – Bein/Stein, Katze – Matratze/Fratze, Rind – Wind, Meise – Kreise/Reise/leise, Spinne – Rinne, Ratte – Watte, Schlange – Zange, Reh – Fee/Tee/Klee, Kröte – Flöte, Möwe – Löwe, Grille – Brille, Falter – Schalter, Made – Wade, Molch – Strolch, Specht – Hecht

Wie geht es weiter?

EINE GESCHICHTE ZUM REIMRÄTSELN

Auditive Differenzierung

In vielen Sprache unterscheiden sich Wörter (und damit ihre Bedeutungsinhalte) nur durch einen winzigen einzelnen Buchstaben oder Laut: Wand und Band sind zwei völlig unterschiedliche Dinge, aber sie hören sich fast gleich an. Reime sind sozusagen das Mittel der Wahl für die Fähigkeit des genauen Hinhörens. In dieser Geschichte können die Kinder Reime selbst ergänzen. Erzählen Sie sie doch bei Wartezeiten, zum Entspannen, Kuscheln oder wenn kein Bilderbuch zur Hand ist, das allen gefällt.

Wisst ihr, wer ganz oben in den Bäumen wohnt?
So hoch, man sieht schon fast den … (Mond)?
Fipp, das Eichhörnchen lebt hier in den Ästen,
hier gefällt es ihm nämlich am … (besten).
Es turnt und schwingt sich, klettert und springt,

hört zu, wie Amsel Ammi Lieder … (singt).
Hier findet es Nüsse und Bucheckern auch,
die kommen ganz schnell in seinen … (Bauch).
Hier hat es sein Nestchen, gemütlich und weich,
hier ist eben einfach sein Eichhörnchen-… (Reich).
Doch eines Tages, es war schon fast Nacht,
da hat etwas ein Geräusch ge-… (macht).
Fipp guckt nach unten, da steht doch wer,
schnell huscht es näher, so sieht es … (mehr).
Ein Kind steht dort unten und weint – oje,
vielleicht hat es sich gestoßen? Am … (Zeh)?
„Nein“, sagt das Kind, „das ist es nicht.“
Tränen laufen ihm übers … (Gesicht).
„Was ist es denn dann? Vielleicht kann ich helfen?
Kenn jeden im Wald hier: Riesen und … (Elfen)!“,
bietet der Fipp dem Kind gerne an,
das Kind guckt nach oben, den Kopf hebt es … (dann).
Es winkt dem Fipp und bedankt sich bei ihm.
„Danke, jetzt sind wir zusammen ein … (Team)?“
„Na klar“, sagt der Fipp und hüpft näher ran,
guckt sich das Kind jetzt von Nahem … (an).
„Es ist nämlich so, ich bin ganz allein,
verirrt hab ich mich, ich bin doch noch … (klein)!“
So sagt das Kind und muss wieder weinen,
zittert an Händen und Armen und … (Beinen).
„Na, liebes Kind, bleib doch einfach hier!
Komm doch nach oben und leb hier bei … (mir)!“
„Ich kann ja nicht klettern, so hoch wie du,
ich bleib lieber unten und schaue dir … (zu).“
Da hat der Fipp eine tolle Idee:
„Hör mal, ich weiß was, das ist es! Juch… (ee)!
Ich kletter jetzt hoch und guck mich mal um,
dann seh ich den Weg, ob grad oder … (krumm).“
So schwingt Fipp sich nach oben in den Baum,
das Kind guckt ihm nach, sieht ihn … (kaum).
Dann springt der Fipp schon wieder herab,
reißt dabei Blätter und Zweige … (ab).
„Du musst hierlang laufen, nach links, dann gradaus,
da liegt das Dorf, so kommst du nach … (Haus)!“
Das Kind geht los, wie Fipp es ihm zeigt,
während Fipp neben ihm auf die Äste st… (eigt).

So gehen sie lange, der Weg ist recht weit,
dann kommen sie schließlich auf eine Straße, ganz … (breit).
Da stehen die Eltern des Kindes und rufen laut:
„Wir haben schon überall nach dir ge… (schaut)!
Gott sei Dank, da bist du ja!
Das ist wirklich wunder… (bar)!“
Seit diesem Tag kommt das Kind gern zurück,
legt Eicheln und Nüsse hin: Alles für den … (Fipp).

Heut sind Schiffe auf dem Meer

EIN MITMACHLIED ZUM GENAU-HINHÖREN UND -AUFPASSEN

Auditive Aufmerksamkeit

Singen, dazu Bewegungen machen und gleichzeitig aufpassen, welche Fehlerchen hier eventuell in den Text gemogelt werden: Das ist gar nicht so einfach. In diesem Tanzliedchen probieren die Kinder genau das aus und trainieren dabei, genau auf gesprochene Informationen zu achten. Im Alltag ist das wichtig, weil es auch die Fähigkeit stärkt, mündlich gegebene Aufgaben oder Bitten genau zu verstehen und auszuführen.

Singen Sie dieses Lied zu der bekannten Melodie des englischen Kinderliedes „Head, shoulders, knees and toes“.

Heut sind Schiffe auf dem Meer, auf dem Meer.
Heut sind Schiffe auf dem Meer.
Denn dort schwimmen Schiffe auf den Wellen hin,

zu diesen Zeilen können die Kinder mit der Hand das Schiff darstellen, das über die Wellen schaukelt

schwipp und schwapp und hin und her!

hin und her, von einem auf das andere Bein schaukeln

In der nächsten Strophe bringen Sie ein anderes Meeresfahrzeug oder ein Meerestier ins Spiel, beispielsweise Boote, Fische, Möwen, Wale, Schlepper, … Aber

AUDITIVE AUFMERKSAMKEIT

Sich auf auditive Reize konzentrieren zu können, das beschreibt der Fachbegriff „Auditive Aufmerksamkeit". Die Auditive Aufmerksamkeit ist sozusagen die Grundlage dafür, dass wir gesprochene Sprache wahrnehmen können.

AUDITIVE MERKFÄHIGKEIT

Gehörte Reize oder Informationen im Gedächtnis speichern und erinnern können: Diese Fähigkeit heißt auch „Auditive Merkfähigkeit". Die Auditive Merkfähigkeit ist nicht nur wichtig, um sprechen zu lernen und zu können, sondern später auch beim Lesenlernen.

dann, beispielsweise in der dritten Strophe, mogeln Sie etwas dazu, was garantiert nicht auf dem Meer schwimmen kann: Füchse, Löwen, Räder, … Bemerken es die Kinder? Spielen Sie das Spiel nun so, dass die Kinder sofort „Falsch!" schreien, wenn Sie wieder einen Fehler entdecken. Besonders gut aufpassen müssen die Kinder, wenn Sie den Fehler statt in der ersten erst in der zweiten Zeile einbauen.

Rennende Reime

EIN BEWEGUNGSSPIEL FÜR SPITZOHREN

Auditive Aufmerksamkeit

Das brauchen Sie kleine Spielzeugtiere und Gegenstände mit Reimen (siehe diese und die nächste Seite!) • Schale • Tuch

Genaues Hinhören, schnelles Verstehen und schnell rennen können. Alles das brauchen die Kinder für dieses sportliche Reimspiel.

VORRUNDE

Sammeln Sie in einer Schale Gegenstände, die sich reimen, z. B. einen Knopf und einen Topf aus dem Puppengeschirr, eine Bank und einen Schrank aus dem Puppenhaus, einen Spielzeugigel und einen kleinen Handspiegel, ein Spielzeugschwein und einen Stein, einen kleinen Stock und einen Puppenrock, einen Stecker und einen Wecker, eine kleine Schüssel und einen Schlüssel. Die Schale mit den Gegenständen stellen Sie in die Kreismitte und nehmen mit den Kindern um die Gegenstände herum Platz. Jedes Kind kann ein Teil herausnehmen und benennen. Sprechen Sie gemeinsam das Wort nach. Wenn alle Teile benannt wurden, wandern Sie zurück in die Schüssel.

JETZT GEHT'S LOS

Nehmen Sie jeweils einen Gegenstand des Reimpaares aus der Schüssel, die Schale mit den restlichen Gegenständen stellen Sie ans andere Raumende. Halten Sie nun einen Gegenstand, etwa den Wecker, hoch. Sagen Sie beispielsweise: „Ich habe hier einen Wecker. Der Wecker sucht seinen Reim, den …" Können die Kinder erraten, was gesucht wird, und schnell zur Schale laufen, um das Gesuchte herzubringen? Machen Sie so weiter, bis alle Reimpaare gefunden wurden. Die Kinder können die Reimpaare nun noch einmal auf dem Tuch sortieren und benennen.

TIPP Noch viel mehr Reime finden Sie nachfolgend. Sie können sie für die Spiele in diesem Kapitel nutzen oder sich viele, viele eigene Reimkärtchen für Spiele oder Memory-Spiele damit malen.

Reime-Sammlung

MATERIAL FÜR DIE SPRACHFÖRDERKISTE

Hier finden Sie einfache Reime, die Sie für viele Spiele und Aktionen nutzen können. Sie können sie auch für bestimmte Spiele (wie in diesem Kapitel) sortieren: Reime mit Tiernamen, Reime mit Körperteilen usw. Aufgemalt auf Kärtchen bieten sie sich für Sortierspiele an oder für Reim-Memory-Spiele. Solche Kärtchen wären ein prima Material für die Sprachförderkiste, die sie dann auch den Familien ausleihen können.

Tanne – Kanne – Wanne
Kuh – Schuh
Schüssel – Schlüssel – Rüssel
Uhr – Schnur
Stecker – Wecker
Tasche – Flasche – Lasche – Masche
Tonne – Sonne
Wippe – Lippe

Kessel – Sessel
Pfeil – Beil
Fisch – Tisch
Hund – Mund
Tasse – Kasse – Klasse – Masse
Wurm – Turm – Sturm
Hase – Nase – Vase
Bauch – Schlauch

Ohr – Tor
Hose – Rose – Dose – Lose – Moose
Zwerg – Berg
Spange – Zange – Schlange – Wange
Traube – Schraube – Taube
Eis – Kreis
Kern – Stern
Igel – Spiegel
Brille – Grille
Ziel – Spiel
Ziege – Liege – Wiege – Fliege
Löwe – Möwe
Band – Wand – Strand – Hand – Stand
Vier – Stier
Drei – Zwei – Ei – Brei
Segel – Kegel
Bank – Schrank
Stock – Rock

Kamm – Lamm – Schwamm
Haus – Maus – Laus – Strauß
Tatze – Katze – Fratze
Feier – Eier
Nest – Fest
Suppe – Puppe
Schwein – Bein – Stein
Buch – Tuch
Wind – Rind
Gabel – Schnabel – Nabel
Pferd – Herd
Hahn – Zahn
Schnecke – Decke
Baum – Schaum
Stall – Ball – All – Knall
Tee – Klee – Fee – See – Schnee
Insel – Pinsel
Kopf – Topf – Knopf

Verstehen & Verarbeiten

„¡Buenos días, estoy bien!“ Manchmal hören wir etwas sehr gut, aber wir verstehen es nicht, beispielsweise, weil es in einer fremden Sprache gesprochen wurde, oder vielleicht auch, weil wir nicht genau hinhören, wir Schwierigkeiten haben, zu verstehen, was gemeint ist, oder es uns ganz einfach nicht interessiert. In diesem Kapitel geht es ums (korrekte) Verstehen von gehörten Informationen. Dabei helfen Heiß-Kalt-Schatzsuchen im Gruppenalltag, Präpositionen-Spielreime oder auch kleine Hoch-tief-Stimmübungen.

SINNZUSAMMENHÄNGE ERFASSEN

Kennen Sie das Lied „Drei Chinesen mit nem Kontrabass“? Bei diesem Lied ist es üblich, im Text die Vokale zu tauschen. In der zweiten Strophe singen Sie also nicht „Drei Chinesen mit nem Kontrabass“, sondern „Dri Chinisin mit nim Kintribiss“ oder „Dro Chonoson mot nom Kontroboss“ usw. Hier trainieren die Kinder, auch ungewohnte Hörinformationen in einen sinnvollen Zusammenhang zu bringen. So ähnlich funktionieren auch „Weglass-Lieder“ wie „Auf der Mauer, auf der Lauer“, bei denen immer mehr Buchstaben weggelassen werden.

Seepferdchen, aufgepasst!

EIN BEWEGUNGSSPIEL ZUM GENAU-HINHÖREN

Auditive Aufmerksamkeit und Differenzierung

Das brauchen Sie eine Handtrommel • einen Tisch mit Decke • ein Tut-Geräusch (beispielsweise vom Handy, ähnlich dem eines Schiffes) • CD-Spieler mit Musik-CD oder CD mit Meeresgeräuschen

In diesem Spiel schlüpfen die Kinder in die Haut von Meeresbewohnern: Als Seepferdchen „schwimmen" sie durch das „Meer". Aber Achtung: Die Seepferdchen haben ein System von Aufpass-Signalen, die sie immer gut beachten müssen, um nicht von Walen gefressen oder von Schiffen umgefahren zu werden.

Seepferdchen sind interessante Tiere: Sie leben fast in allen Ozeanen und sehen mit ihrem pferdeähnlichen Kopf und dem geringelten Schwänzchen außergewöhnlich aus. Weil sie durch ihren dicken Panzer gut geschützt sind, haben sie bloß wenige natürliche Feinde und werden daher nur von Walen und manchen Raubfischen oder auch mal versehentlich gefressen oder verschluckt.
Kurios: Bei den Seepferdchen wird das Männchen schwanger, bekommt einen ganz dicken Bauch und bringt auch die Jungen zur Welt. Seepferdchen schließen Freundschaften und haken sich dann mit dem Schwanz beieinander ein. Das alles spielen die Kinder hier nach. Gucken Sie sich gemeinsam mit den Kindern Seepferdchen doch auch im Internet an!

DAS SENDER-EMPFÄNGER-KOMMUNIKATIONSMODELL

In der *Sprachwissenschaft* wird Kommunikation oft vereinfacht in Form von Modellen dargestellt. Ein einfaches Modell, das uns hilft, zu erkennen, warum Kommunikation oft misslingen kann, ist das *Sender-Empfänger-Kommunikationsmodell.* Es besagt ungefähr Folgendes: Beim Sprechen möchte ein sogenannter *Sender* eine *Mitteilung* oder *Botschaft* machen. Dazu *„verpackt"* er seine Botschaft wie in einem Päckchen in gesprochene Sprache. Die Botschaft oder das Päckchen schickt er nun ab. Der *Empfänger* bekommt das Päckchen mit der Botschaft und muss es nun auspacken, um den Inhalt zu verstehen. Dieses Auspacken nennt man in der Sprachwissenschaft auch *Dekodieren.* Wenn das Dekodieren gelingt, kann er den Inhalt der Message verstehen und dann darauf reagieren. Jetzt wird der Adressat zum Sender.

Stellen Sie die Musik an. Die Kinder können sich nach eigenen Ideen als Seepferdchen dazu bewegen oder einfach tanzen. Beim Musikstopp spielen Sie die Trommel an oder es ist einfach Stille. Verabreden Sie gemeinsam bestimmte Signale, beispielsweise:

- **Langsames Spiel auf der Trommel:** Alles in Ordnung, einfach weitertanzen!
- **Schnelles, kräftiges Spiel auf der Trommel:** Ein Wal kommt, schnell unter dem Tisch verstecken!
- **Mit den Fingerspitzen/der Hand über das Trommelfell streichen:** Jedes Seepferdchen sucht sich einen Partner/Freund, den es an die Hand nimmt/die Arme unterhakt und mit ihm durch den Raum läuft
- **Tuuut-Signal:** Ein Schiff kommt, alle stellen sich dicht an die Wand
- **Stille:** Schlafenszeit, auf den Boden legen und „schnarchen“

Reagieren die Kinder richtig auf die Signale? Können sie sich an die Regeln erinnern? Wenn es den Kindern zunächst noch schwerfällt, können Sie mit ihnen auch erst einmal mit drei verschiedenen Regeln/Signalen spielen und später auf vier oder fünf Signale ausweiten. Spielen Sie so lange, wie die Kinder mit Eifer bei der Sache sind oder es die Zeit zulässt.

Die Schnecke und der Pilz

EIN SPIEL- UND MITMACHGEDICHT MIT PRÄPOSITIONEN

Auditive Wahrnehmung und Differenzierung

Das brauchen Sie eine Spielzeugschnecke • einen Spielzeugpilz (optimalerweise aufklappbar) • einen Spielzeugregenwurm

KINDER MIT DAZ

„Dein Spielzeug liegt unter der Zeitung“ – wenn Kinder einen solchen Satz nicht verstehen, dann vielleicht, weil sie die Angabe „unter“ nicht begreifen. Im Deutschen gibt es viele kleine Wörter, um Richtungen oder Orte zu beschreiben. In diesem Mitmachgedicht, das die Kinder nachspielen können, geht es um diese hilfreichen Wörter. Gerade Kinder mit Deutsch als Fremdsprache profitieren von dieser Reimgeschichte.

Heute, **neben** dem Pilz ganz nah,
wohnt eine Schnecke, wunderbar!
die Schnecke neben den Pilz setzen

Sie kriecht **auf** den Hut vom Pilz hinauf,
ganz schön anstrengend ist das, schnauf!
die Schnecke am Pilz hinauf auf den Hut kriechen lassen

Ach, von hier **oben** ist die Sicht so schön,
ganz weit **über** die Welt, wo die Winde weh'n.
die Schnecke auf den Pilz setzen

Doch dann fängt es zu regnen an,
die Schnecke hält sich fest, drückt sich ganz nah **heran**.
Schnecke ganz nah an den Hut drücken

Schließlich kriecht sie **zum** Boden zurück,
unterm Pilzhut ist's trocken, was für ein Glück.
die Schnecke herabkriechen lassen und unter den Pilzhut setzen

Einmal **um** den Pilz **herum**,
so kriecht sie jetzt, ganz **rundherum**.
mit der Schnecke um den Pilz herumkriechen

Dann knabbert sie **vom** Pilz was ab,
noch ein Stückchen – knabberdiknapp.
mit der Schnecke am Pilz knabbern

Doch was ist das? Der Pilz ist hohl!
Hier **drin im** Pilz fühlt sie sich wohl.
die Schnecke, wenn möglich, in den Pilz setzen

Doch, huch, da kommt von **unten** ein Wurm.
„Dieser Pilz, liebe Schnecke, der ist mein Turm!",
von unten den Wurm dazunehmen

sagt der Wurm und nickt auch sehr klar.
„**Unter dem** Pilz wohne ich schon ein Jahr!"
den Wurm unter den Pilz halten

„Ich bleib ja nicht lang", sagt die Schnecke sehr keck,
„ich such mir **weit weg** ein noch schöneres Versteck."

die Schnecke mit dem Wurm „sprechen" lassen

Zwischen die Wurzeln vom Pilz kriecht der Wurm zurück,
weg ist er schon, was für ein Glück!

den Wurm zwischen den Pilzwurzeln verstecken

TIPP Die Spielkulisse können Sie auch selbst bauen: Aus einer leeren Pappröhre (bspw. Cappuccinodose ohne Deckel und Boden) eine kleine Tür ausschneiden. Dann weiß als Pilzstiel anmalen. Den Hut aus einem roten Tonkartonkreis gestalten. Dazu den Kreis bis zur Mitte einschneiden und als Hut kegelförmig zusammendrücken und festkleben. Als Pilzwurzeln einfach weiße Wollfäden unten am Pilzstiel ankleben. Der kopierte Text und die Spielfiguren sind vielleicht auch eine Idee für die Sprachförderkiste für die Eltern/Familien.

PRÄPOSITION ODER ADVERB?

Sie möchten die kleinen Wörter zur Angabe von Ort oder Richtung richtig bezeichnen und benennen? So ist es korrekt:
Adverbien heißen auch Umstandswörter. Sie sind meist unveränderlich und können im Satz ihre Stellung ändern. Im Satz „Heute kommt der Nikolaus" ist das Adverb „heute" nicht veränderbar (es gibt beispielsweise keine Steigerung) und es kann die Stellung ändern, etwa bei: „Der Nikolaus kommt heute." Es gibt verschiedene Arten von Adverbien: lokale Adverbien (geben einen Ort an), modale (geben eine Art und Weise an) oder temporale (geben Zeitpunkte an wie „heute").
Präpositionen heißen auch Verhältniswörter. Wie Adverbien sind sie immer gleich und verändern sich nicht, aber sie können in Sätzen nicht verschoben werden. Der Grund: Sie sind kein eigener Satzteil, sondern sie gehören zu einem Bezugswort. Sie können vor oder nach diesem Bezugswort stehen. Zu ihrem Bezugswort stehen sie in einem bestimmten Fall: Im Satz „Die Schnecke kriecht auf den Pilz" handelt es sich also bei dem Wort „auf" um eine Präposition, die immer beim Bezugswort „der/dem Pilz" stehen muss, damit der Satz Sinn ergibt.

Der kleine Bär hat einen Unfall

EINE GESCHICHTE ZUM NACHERZÄHLEN

Auditive Wahrnehmung/Auditive Erinnerung

Das brauchen Sie Spielzeug-Tierfiguren: Bär, Schlange, Reh, Eichelhäher oder anderer großer Waldvogel • einige Blätter und Zweige als Kulisse • ein Tablett

In dieser Geschichte versuchen die Freunde, dem kleinen Bären Hilfe zu leisten. Der kleine Bär ist nämlich hingefallen und jetzt hat jeder einen anderen Vorschlag. Können die Kinder die Handlung korrekt verstehen und auch in Erinnerung behalten? Das finden Sie mit dem an die Geschichte anschließenden Memory-Talk heraus.

Die Geschichte

Der kleine Bär hat es eilig, er will sich heute nämlich mit seiner Freundin, der Schlange, treffen. Wie der Blitz rennt er durch den Wald und fegt vorbei an Bäumen, Felsen und Sträuchern. Da übersieht er eine Baumwurzel, die aus dem Boden hervorsteht, und: *Pardauz!* Da stürzt der kleine Bär mitten im Rennen. Benommen setzt er sich auf und schaut an sich herab: Au weia, er ist voller Erde, Blätter und Nadeln von den Bäumen und sein Knie blutet ein bisschen.

„Ui, da hast du dir bestimmt das Bein gebrochen!“, krächzt der Eichelhäher, der oben im Baum sitzt und immer alles mitbekommt. „Das sieht wirklich böse aus, das ist ganz, ganz schlimm!“

Der kleine Bär bekommt einen Schreck. Das Bein gebrochen? Vorsichtig probiert er, sein Bein zu bewegen.

Da kommt seine Freundin, die Schlange, angekrochen.

„Kleiner Bär! Hast du Schmerzen? Ich habe gesehen, wie du gefallen bist …“

„I-i-ich weiß nicht“, stammelt der kleine Bär.

„Beruhig dich erst mal!“ Die Schlange kommt näher und guckt sich die Wunde am Knie vom kleinen Bären genau an. „Tut es dir sonst noch irgendwo weh?“

Der kleine Bär schüttelt den Kopf. Nur das Knie tut weh. Sehr weh. Er muss ein bisschen weinen. Die Schlange streichelt ihm mit der Schwanzspitze übers Fell.

„Armer kleiner Bär!“

Da kommt das Reh vorbei. Es hat den Lärm gehört und neugierig, wie Rehe sind, kommt es schnell herbeigesprungen und schnüffelt am Knie.

„Das blutet zwar ein bisschen, aber das ist doch gar nicht schlimm!“, wundert sich das Reh. „Jeder fällt doch mal hin. Das macht doch nichts.“

„Nicht?“, fragt der kleine Bär unsicher.

„Ach was, stell dich nicht so an! Steh auf und komm spielen!"
Der kleine Bär weiß nicht, ob er das schafft.
„Das ist eine schlimme Verletzung, die muss man behandeln!", krächzt der Eichelhäher von seinem Baum aus. „Ihr habt ja alle gar keine Ahnung! Der kleine Bär ist schwer gestürzt, vielleicht ist sein Bein gebrochen!"
„Quatsch!", sagt das Reh.
Da hat die Schlange eine Idee: „Wir könnten doch Bein-Heilkraut auf die Wunde legen. Ich weiß, wo welches wächst. Der Eichelhäher könnte mitkommen und es herbringen und dann kaust du, Reh, das Kräutchen gut durch und dann legen wir es auf die Wunde."
So machten es die Tiere: Der Eichelhäher fliegt hinter der Schlange her zu der Stelle, an der das Bein-Heilkraut wächst, während das Reh beim kleinen Bären bleibt. Dann bringen sie das Kraut zum Reh, das es kaut und vorsichtig auf die Wunde legt.
Alle warten gespannt ab.
„Na?", fragt die Schlange, „geht's dir besser?"
Der kleine Bär versucht aufzustehen. Das klappt jetzt besser. Dann belastet er vorsichtig sein Bein. Es tut fast gar nicht mehr weh.
„Kannst du gehen?", fragt die Schlange. „Ich persönlich finde Gehen ja total unwichtig, aber ihr anderen Tiere mit euren Beinen müsst euch ja so fortbewegen."
Der kleine Bär macht ein paar Schritte. Es tut kaum noch weh.
„Hab ich doch gleich gesagt, bloß ein Kratzer, kommt, lasst uns jetzt spielen!", drängelt das Reh.
Die Schlange, das Reh und der kleine Bär spielen den ganzen Tag über. Es ist ein schöner warmer Tag und am Mittag futtern sie gemeinsam Beeren von den Sträuchern.
„Tut's noch weh?", fragt die Schlange.
„Was denn?" Der kleine Bär kann sich schon gar nicht mehr an seine Wunde erinnern, er hat sie beim Spielen ganz vergessen.

FRAGEN FÜR DEN MEMORY-TALK

- Warum hat es der kleine Bär so eilig?
- Was passiert, als er durch den Wald rennt?
- Wie geht es dem kleinen Bären nach seinem Sturz?
- Was meint der Eichelhäher zur Wunde?
- Was meint das Reh zu seiner Wunde?
- Was ist der Rat der Schlange?

- Welcher Rat war wohl der beste?
- Warum fällt man vielleicht hin, wenn man es sehr eilig hat?
- Ist dir das auch schon einmal passiert?
- Welches Tier gibt dem kleinen Bären den besten Rat? Warum glaubst du das?
- Was hättest du zum kleinen Bären gesagt?

IDEEN ZUM NACHSPIELEN

Die Kinder dekorieren die Blätter und Zweige auf dem Tablett und setzen die Tierfiguren dazu. Können sie nun mit etwas Hilfe und den Figuren die Geschichte nachspielen? Dazu können sich die Kinder die Tierfiguren in der Reihenfolge, in der sie in der Geschichte auftreten, vor Erzählbeginn bereitlegen. Auch dieses Material (die ausgedruckte Geschichte und die Tierfiguren) kann in Ihrer Sprachförderkiste seinen Platz finden.

Heiß oder kalt?

EINE SCHATZSUCHE MIT RICHTUNGSANGABEN

Auditive Aufmerksamkeit

Das brauchen Sie Schätze oder kleine Belohnungen (je nach Jahreszeit beispielsweise Knabbereien, Ostereier, Weihnachtskekse oder auch kleine Spielzeugfiguren)

KINDER MIT DAZ

Dieses Spiel kennen Sie vielleicht noch aus Ihrer Kindheit. Hier müssen die Kinder genau hinhören, um möglichst schnell den versteckten Schatz zu finden und in kurzer Zeit gehörte Informationen auswerten zu können. Sie trainieren mit diesem Spiel die sogenannte Verarbeitungsgeschwindigkeit.

Immer ein Kind aus der Gruppe wartet kurz vor der Tür, während alle anderen Kinder ein kniffliges Versteck für die Belohnung suchen. Ist der Schatz versteckt, darf das Kind eintreten und seine Suche starten. Die anderen Kinder geben Tipps: Sucht das Kind an der ganz falschen Stelle, rufen sie „kalt!", nähert es sich dem richtigen Ort, können die Kinder „wärmer!" rufen, hat es den Schatz fast gefunden, ist es schon „heiß!", beim Finden „verbrannt!". Achten Sie darauf, dass jedes Kind einmal drankommt, damit jedes seinen Schatz finden kann. Auch als

WAS IST VERARBEITUNGSGESCHWINDIGKEIT?

In Intelligenztests und ähnlichen Kontrollen für Kognition, auditive und/oder visuelle Wahrnehmung gibt es einen Bereich (einen von mehreren) namens *„Verarbeitungsgeschwindigkeit"*: Hier geht es darum, wie schnell das Gehirn Informationen (gehört, gesehen, gelesen) aufnehmen und auswerten und anschließend daraus abgeleitete Aufgaben umsetzen kann. Kinder mit geringer Verarbeitungsgeschwindigkeit sind oft nur sehr langsam in der Lage, Aufgaben zu lösen, bei denen genaues Hinschauen und/oder Hinhören gefragt sind. Für Puzzles oder einfache Ausmal-Aufgaben brauchen diese Kinder dann oft viel länger als andere. Das Konzentrieren auf diese Art von Aufgaben fällt ihnen schwerer als ihren Altersgenossen. Möglicherweise steht eine langsame Verarbeitungsgeschwindigkeit auch in Bezug zu späteren *Lese-Rechtschreib-Störungen* (LRS) (altes Wort: Legasthenie).

Paare oder Teams können die Kinder auf die Suche gehen. Hier können Sie durch Beobachtung schnell herausfinden, wie schnell und konzentriert das Kind auf Maßgaben und Tipps reagieren und mit welcher Verarbeitungsgeschwindigkeit es Informationen auswerten kann.

TIPP Um den Wortschatz zu erweitern, können Sie noch mehr Adjektive suchen, um Temperaturen zu beschreiben, und die Adjektive auch steigern: eiskalt, polarkalt, kälter, am kältesten, winterlich, lau, mittelwarm, heiß, warm, wärmer, heißer, noch heißer, siedend heiß, brandheiß, vulkanheiß, …

Sprechen & Erzählen

2

Vom Hören zum Sprechen: In diesem Kapitel verbindet sich gehörte Information mit dem Selbstsprechen. Und das ist nicht immer einfach! Vor allem nicht, wenn schwierige Laute dicht aufeinander folgen. Hier bekommen Sie kurze, lustige Ideen für die Bildung von Lauten. So können die Kinder selbst Unterschiede zwischen Lauten, Wörtern und ihren Bedeutungen erkennen. Zuvor aber gehen Sie mit den Kindern auf die Reise in den Mund: dorthin, wo die Laute wohnen. Und auch diese kleine Reise kann ganz gemütlich stattfinden, beispielsweise in der Kuschelecke oder im Morgenkreis.

SPRECHEN UND ERZÄHLEN IM KITA-ALLTAG

Der Alltag in der Kita bietet eine Vielzahl von Erzähl-Anlässen. Fragen Sie die Kinder nach ihren Eindrücken und Erlebnissen: Was hast du draußen gemacht? Was habt ihr heute gespielt? Wie gefällt dir dieses Lied? Hören Sie mit Geduld zu!

Wo die Laute wohnen

Laute sind die kleinsten Einheiten unserer Sprache. Wir bilden sie mit unserem Mund, den Zähnen, der Zunge und durch den Luftstrom in unserer Kehle am Kehlkopf vorbei. In diesem Kapitel gehen Sie mit den Kindern auf die Suche nach den Lauten und danach, wo genau sie wohnen. Mit Reimen und Gedichten, bei denen die Kinder sofort selbst aktiv werden können, macht das Riesenspaß!

DIE ARTIKULATIONSFÄHIGKEIT FÖRDERN

Sprechen, Laute formen und auch Unsinnslaute von sich geben: Das kann richtig Spaß machen. Im Alltag helfen dabei beispielsweise:

- Unsinnslieder mit Fantasie-Texten wie z. B. „Aramsamsam"
- Geheimsprachen, die Sie mit den Kindern selbst erfinden
- Grimassenschneiden und dabei Laute machen
- Gebisse und Zähne betrachten (das eigene, Tiergebisse, Internetbilder): die Zähne benennen (Schneidezähne, Eckzähne, Backenzähne) und mit der Zunge berühren

Wo die Laute wohnen

DEN EIGENEN MUNDRAUM MIT DER ZUNGE ERFORSCHEN

Den Mund kennenlernen

Das brauchen Sie nach Wunsch: einige Handspiegel

KINDER MIT DAZ

Beim Essen, vor dem Essen oder auch einfach zwischendurch: Mit dieser lustigen Entdeckungsreise können die Kinder zunächst einmal ihren Mundraum erkunden. Hierbei können sie nämlich ganz spielerisch die sogenannten Konsonanten (Mitlaute) kennenlernen.

Was gibt es alles in eurem Mund? Na klar, die Zunge!

die Zunge können Sie nun auf Entdeckungsreise schicken; zuerst zeigen sich alle Kinder ihre Zunge, schön weit herausstrecken!

Ohne die Zunge könnten wir manche Laute nicht bilden. Die Zunge schicken wir nun auf die Reise. Wo sind die Zähne? Könnt ihr mit der Zunge an eure Schneidezähne tippen? Von hinten und von vorne? An die untere und an die obere Zahnreihe? Prima! Mit Zunge und Zähnen können wir schon viele Laute bilden: d, t, ts, tz, z, l, s, sch, …

die Kinder machen vor, wie sie mit der Zunge an ihre Zähne tippen, machen Sie gemeinsam die Laute nach

*Für Sie: Diese Laute nennt man **Dentale** von lateinisch dens, der Zahn, weil die Zähne dafür wichtig sind.*

Vor den Zähnen sind die …? Lippen! Auch die Lippen sind wichtig für die Laute. Könnt ihr mit der Zunge die Lippen berühren? Von innen? Von außen? Die Ober- und die Unterlippe? Könnt ihr mir auch mit dem Finger die Unter-/Oberlippe zeigen? Prima! Manche Laute bilden wir fast nur mit den Lippen: b, p, pf, m …

machen Sie gemeinsam die Laute nach

*Für Sie: Laute, die hier gebildet werden, nennt man **Labiale** von lateinisch labiae, die Lippen.*

Manche Laute bilden wir mit Zähnen und Lippen gemeinsam: f und w.

machen Sie gemeinsam diese Laute nach

*Für Sie: Die Laute heißen **Labiodentale** und werden mit Zähnen und Lippen gebildet.*

Direkt hinter den Schneidezähnen im Oberkiefer gibt es einen kleinen Wulst. Wenn die Kinder hierhin ihre Zunge legen und Geräusche machen: Welcher Buchstabe kommt dann ungefähr heraus? Genau: nnnnn! Auch andere Laute bilden wir hier, manchmal auch die Dentale, wenn die Zunge weiter hinten liegt: t, d, s, z und l.

probieren Sie mit den Kindern aus, was Spaß macht und das Interesse der Kinder weckt

Für Sie: Laute, die hier gebildet werden, heißen auch ***Alveolare****, denn der Zahndamm heißt im Plural die Alveolaren.*

Jetzt geht die Zunge wieder auf Entdeckungsreise: Hinten und oben im Mund gibt es den Gaumen. Können die Kinder ihre Zunge an den Gaumen drücken? Laute, die die Zunge am Gaumen bildet, sind beispielsweise: g, k, ks, ch (in „welche"), j – und auch Zungenschnalzen findet unter anderem am Gaumen statt.

bilden Sie mit den Kindern diese Laute nach, dabei dürfen auch ruhig seltsame Geräusche entstehen und es darf gelacht werden

Für Sie: Laute, die man im Gaumen bildet, heißen ***Palatale*** *(das „ch" in „Ich") oder Velare (g, ck, K, „ch" in „Bach") von lateinisch palatal, Vordergaumen, und velar, Gaumensegel.*

Als Nächstes machen wir den Mund ganz weit auf. Guckt mal, was ihr da erkennen könnt!

jetzt dürfen sich die Kinder gegenseitig ganz tief in den Rachen gucken oder die Spiegel benutzen: Hier können sie nämlich das sogenannte Gaumenzäpfchen sehen. Wir brauchen es, um ein R zu rollen.

Für Sie: Diese Laute, die hier gebildet werden, heißen ***Uvulare*** *von lateinisch uvulus, Rachen. Im Deutschen gibt es hier nur das gerollte R.*

STIMMHAFTES UND STIMMLOSES S

Im Deutschen gibt es das stimmhafte und das stimmlose S. Für ein stimmhaftes S brauchen Sie die eigene Stimme, beispielsweise für das Summen/das gesummte weiche „Ssssss", wenn Sie Bienen nachmachen. Ohne Stimme können Sie dieses Summen nicht bilden. Stimmlos dagegen ist das gezischte „Sssss", wenn Sie eine Schlange nachmachen. Hier brauchen Sie keine Stimme, der Laut kommt nur durch Luftstrom durch die Zähne zustande.

Übrigens: Im Englischen ist das „th" in „thanks" gezischt und stimmlos, das weichere „th" in „this" dagegen stimmhaft.

WAS IST ARTIKULATION?

Unter *Artikulation* versteht man eine bestimmte Fähigkeit: und zwar die Fähigkeit, Laute korrekt auszusprechen. Dazu gehört auch, kleine Unterschiede zwischen Lauten richtig heraushören, auswerten und selbst wiedergeben zu können.

WAS IST EINE ARTIKULATIONSSTÖRUNG?

Wenn eine *Artikulationsstörung* (früher auch Dyslalie) vorliegt, artikulieren Kinder Laute falsch oder nicht genau genug. Problematisch ist es, wenn Laute beim Erst-, Zweit- oder auch Drittspracherwerb schon falsch eingeübt und dann über längere Zeit nicht bemerkt und korrigiert werden. Eine mögliche Ursache kann auch fehlerhaftes Hören sein, sodass sich ein Hörtest anbietet. Im Deutschen sind bei einer Artikulationsstörung meist die sogenannten Zischlaute betroffen (beispielsweise „s“ und „sch“) oder Anlaute werden falsch oder nicht verstanden und auseinandergehalten (Buch und Tuch). Bei etwa 13,5 % der Kinder zwischen vier und sechs Jahren wird eine Artikulationsstörung festgestellt. Bis zum Ende des fünften Lebensjahres ist es aber vollkommen normal, wenn ein Kind nicht alle Laute immer korrekt ausspricht.

TIPP Die Kinder können im Anschluss oder wenn es ihnen langweilig wird auch einfach selbst probieren: mit der Zunge ihren Mundraum erkunden, im Spiegel beobachten, wie es im Mund so aussieht, und herumprobieren, wie sich Laute mit Lippen und Zähnen bilden lassen. Toll ist, wenn sie die Orte im Mund benennen können: Was sind Lippen, was Zähne, was ist Ober- und Unterkiefer, wo ist der Gaumen, wo der Rachen, wo das Gaumenzäpfchen?

EXPERIMENTIEREN

Wie wäre es, wenn wir einen ganzen Tag lang gar keine Zischlaute sprechen dürften? S, z, ts, tz, ß – nichts davon. Möchten die Kinder das einmal ausprobieren? Wie hört sich das an?
Tiere machen ebenfalls bestimmte Laute: Katzen fauchen sich beispielsweise mit einem palatalen oder velaren „Ch!“ an. Schlangen zischeln und züngeln vielleicht mit gezischtem stimmlosem „S“, Hummeln brummen mit einem tiefen gesummten stimmhaften „S“.

Der Löwe wacht auf

EIN SELBSTLAUTE-MITMACH-MUNDSPIEL

Den Mund kennenlernen

Probieren Sie doch einmal aus, wie der Mund beim Rufen von Selbstlauten (Vokalen) immer kleiner wird, wenn Sie die Reihenfolge A, E, I, O und U einhalten. Können die Kinder spüren, wie ihr Mund von ganz weit bei A immer kleiner und enger wird, bis beim U nur noch eine ganz winzige Öffnung zu bemerken ist? Dieser Reim passt sehr schön zu dem Selbstlaute-Mund-kleiner-Spiel.

„Aaah!", so gähnt der Löwe mit Stolz darauf,
das Maul, das macht er ganz weit auf.

den Mund ganz weit aufmachen und „Aaah!" rufen

„Eeeh!", brummt der kleine Löwe – und stupst ihn an,
reicht kaum bis an das Knie heran.

den Mund etwas weiter schließen und „Eeeh!" rufen

„Iiih!", ruft die Maus, ein ganz kleines Tier.
„Wer hat gepupst, wie stinkt's denn hier?"

den Mund noch etwas weiter schließen und „Iiih!" rufen

„Oooh!", brummt ein Käfer mitten im Flug,
„langsam bin ich zwar, doch dafür klug."

den Mund ganz rund machen und „Oooh!" rufen

„Uuuh!", heult die Eule, denn Nacht wird es jetzt,
da wacht sie auf, fliegt aus dem Nest.

den Mund ganz rund und ganz klein machen und „Uuuh!" rufen

WAS SIND VOKALE, WAS SIND KONSONANTEN?

Konsonanten heißen auch Mitlaute (von lat. *consonare* – mitlauten, mitklingen, mittönen). Beim Sprechen von Konsonanten wird der ausgestoßene Luftstrom, an irgendeinem Hindernis (Lippen, Zähne, Gaumen) gehemmt, unterbrochen oder gebremst. Ganz anders bei den Vokalen oder Selbstlauten (von lat. *vox* – die Stimme): Hier kann der Atemstrom (fast) ungehindert aus dem Mund ausströmen.

Knoten in der Zunge?

ZUNGENBRECHER ZUM LACHEN UND KRACHEN MIT ZISCHLAUTEN

Artikulationsfähigkeit, Konzentration

Zungenbrecher sind (nicht nur für Kinder) eine echte Herausforderung! Sie machen Riesenspaß, weil dabei so lustige Unsinnswörter entstehen, und heitern auch missgelaunte Runden schnell auf. Diese Zungenbrecher sind in schwierige Lautgruppen unterteilt.

Ch, sch, ss und s

Fischen sicher Fischer frische Fische für den Tisch? Na klar: Fischer fischen sicher frische Fische für den Tisch!
Im Buch bugsiert der Busfahrer – husch, husch! – den Bus in den Busch.
Mach mal flache Sachen wie Flaschen und Tassen in die Tasche!
Schleicht Scheich Schleich gleich? Ja, Scheich Schleich schleicht gleich.

St, str, sp und spr

Spaziert Sina ständig mit Strümpfen am Strand?
Spinnen springen und spinnen und singen.
Flauschige Bäusche hängen an Stachelsträuchern.
Im Spiegel schimmern still strahlende Sprudelstrudel.

TIPP Kopieren Sie die Zungenbrecher doch auch für die Familien zu Hause oder legen Sie Zettelchen damit in die Sprachförderkiste, die die Eltern ausleihen können.

Anlaute auf dem Tablett

EINZELFÖRDERUNG ODER GRUPPEN-RATEREI ZWISCHENDURCH

Konzentration / Auditive Differenzierung

Das brauchen Sie drei bis vier Gegenstände (beispielsweise einen Baustein, einen Malstift, ein Spielzeugauto, ein Spielzeugtier)

Diese schnelle Spielidee können Sie beim Aufräumen einschieben oder auch als Gruppenspiel im Morgenkreis ausprobieren. Wenn Ihre Kinder bisher noch nicht sehr häufig mit Anlauten zu tun hatten, empfiehlt sich als Allererstes aber die Einzelförderung mit einem Tablett. Schauen Sie doch mal, was im Gruppenraum gerade so alles herumfliegt, und wählen Sie drei oder vier Gegenstände aus, die Sie auf ein Tablett legen.

Zum Einstieg legen Sie die Gegenstände auf das Tablett und setzen Sie sich mit dem Kind etwas abseits. Bei Kindern mit Deutsch als Fremdsprache können Sie die Gegenstände gemeinsam durchgehen, benennen und zusammen die Namen wiederholen. Kinder im Vorschulalter, die über ein gutes Gehör und eine gute Sprachentwicklung verfügen, kommen vielleicht ohne diese Aufwärmrunde aus.
Als Nächstes sagen Sie: „Ich suche etwas, das mit B anfängt", und betonen das B nicht als „Be", sondern Sie machen nur den Laut „B". Kann das Kind Ihnen den Baustein reichen? Darauf sagen Sie: „Und nun brauche ich dringend etwas, das mit M anfängt." Auch hier sprechen Sie nicht „Em" wie im Alphabet, sondern nur den Laut „M". So machen Sie weiter, bis das Kind alle Gegenstände gefunden hat. Sprechen Sie auch die Anlaute noch einmal gemeinsam nach.
Nächste Schwierigkeitsstufe: Suchen Sie Gegenstände aus, deren Anlaute ähnlich, aber nicht ganz gleich klingen: eine Puppe (mit P) und eine Bürste (mit B), ein Spielzeugkaninchen und eine Spielzeuggans (K und G) und eine Tasche und eine Dose (T und D).

TIPP Auch lustig wird das Anlauteraten, wenn Sie viele Spielzeugtierfiguren haben und die Kinder Tiere mit bestimmten Anlauten im Namen heraussuchen müssen.

WAS IST EIN ANLAUT?

Ein Anlaut ist der Laut (nicht: der Buchstabe!), mit dem ein Wort beginnt. „B" ist der Anlaut im Wort Bürste usw. Aber Achtung: Nicht jeder Laut entspricht einem Buchstaben! Der Anlaut „Sch" besteht aus drei Buchstaben, die zusammen diesen Laut ergeben.

Zungenkracher II

ZUNGENBRECHER MIT REIBELAUTEN UND PLOSIVEN

Artikulation, Konzentration

Neben den Zischlauten mit S, Ts und Sch sind es im Deutschen oft auch andere Reibelaute, die Kindern beim Sprechenlernen Probleme bereiten. Darum finden Sie hier Zungenbrecher mit den Reibelauten F/V und mit Explosiv-Lauten (Plosiven) wie K und T.

F/V/Fr/Fl

Viele forsche Frösche fressen frische Frühlingszwiebeln.
Furcht vor Fruchtfliegen führt zu viel mehr Furcht vor Fruchtfliegen.
Vielleicht flöten fliederfarbene Flöten viel falscher als feuerrote Flöten.
Fips mixt fix frische Fruchtdrinks für Fritz.

K/T/tr

Die Katze tritt die Treppe krumm, die Treppe tritt die Katze krumm.
Ein kleiner Krebs kroch – trippelditrapp – in die kühle Korbflasche.
Katzen schmatzen, putzen die Tatzen und kratzen mit Krallen.
Klaus Knopf klebt klitzekleine Katzen-Tatzenkrallen.

Mundmotorik

Die Beweglichkeit, Empfindungsgenauigkeit und Geschicklichkeit des Mundes und des Mundraumes stehen in diesem Kapitel im Vordergrund. Mit kleinen Übungen und Spielen können die Kinder ihren Mundraum besser kennenlernen und wahrnehmen – eine wichtige Grundlage für den Gebrauch der Sprechwerkzeuge.

DIE MUNDMOTORIK STÄRKEN

Zusätzlich zu den Ideen in diesem Kapitel können auch folgende einfache Ideen die Muskeln in Mund und Kiefer fordern und stärken:

- Ganz lange lachen, bis die Gesichtsmuskeln schmerzen
- Grimassen schneiden
- Alle Puste- und Saugspiele
- Pfeifen mit spitzen Lippen (wer es kann!)

Das Mäuschen macht sauber

EIN MOTORIKGEDICHT FÜR DIE ZUNGE

ab 3 Jahren

Für die Zungenmuskulatur

Zunge rausstrecken? In diesem Mitmachgedicht für die Zunge erlaubt! Bevor Sie starten, stellen Sie den Kindern kurz das Mäuschen Klaus vor: Lassen Sie ganz kurz die Zungenspitze sehen. Das Mäuschen Klaus ist ziemlich ängstlich. Heute traut es sich aber hervor, um rund ums Mauseloch sauberzumachen.

Es war einmal ein Mäuschen,
das guckt nur ganz kurz aus seinem Häuschen.

ganz kurz nur die Zungenspitze zeigen

Zuerst guckt's, ob es alleine ist:
Kommt auch nicht die Eule ganz plötzlich gezischt?

die Zunge kurz ganz schnell rund um die Lippen außen am Mund bewegen

Nicht? Dann kommt es heraus, das Mäuschen heißt Klaus.
Und heute, da putzt es rund um sein Haus.

die Zunge jetzt weit herausstrecken

Zuerst kommt die Tür, die wird heut poliert,
die bleibt nämlich zu: bei Wind und wenn's friert.

mit der Zunge die oberen Schneidezähne „abwischen“

Dann putzt es oben um die Haustür herum,
dann unten und singt dabei: „Dumdideldum!“

mit der Zunge die Oberlippe „putzen“, dann die Unterlippe

Dann putzt es ganz in den kleinen Ecken.
Ui, da muss es sich ganz schön strecken.

den Mund öffnen und mit der Zungenspitze die Mundwinkel umfahren

Puh, das war anstrengend für die kleine Maus,
drum ruht sie sich jetzt mal ein Weilchen aus.

eine Weile ausruhen

MULTITALENT ZUNGE

Unsere Zunge brauchen wir zum Schmecken, zum Tasten, zum Schlucken, Saugen und natürlich zum Sprechen. Beim Sprechen ist sie besonders wichtig. Viele Sprachen verwenden das gleiche Wort für Zunge und für Sprache (franz. *langue*). Unsere Zunge kann uns auch schützen: Im Mund tastet sie beispielsweise Nahrung nach gefährlichen Fremdkörpern (Splitter, Kerne, Gräten) ab. Ihre vielen Geschmackssinneszellen warnen uns, wenn etwas seltsam, fremd oder giftig schmeckt.

TIPP Fotografieren Sie doch ein Kind oder mehrere Kinder, die das gern möchten, während sie die Bewegungen der Zungengeschichte ausführen. Fotos und kopierten Text geben Sie Familien/Eltern mit nach Hause oder legen alles in die Sprachförderkiste, die die Eltern ausleihen können.

Die kleine Qualle hat Hunger

EIN LIPPENMOTORIK-GEDICHT MIT KLEINER BELOHNUNG

Lippen-Motorik

Das brauchen Sie kleine salzige Knabberfische (oder einfach Mini-Salzbrezelchen oder eine andere kleine Knabberei) • Salzstangen • kleine Teller für die Kinder

MATERIAL FÜR DIE SPRACHFÖRDERKISTE

Wissen Ihre Kinder, wie Quallen aussehen, und kennen sie deren typische Art, sich fortzubewegen? Gucken Sie doch ein kurzes Video darüber auf dem Smartphone oder Tablet an. In diesem Spiel schlüpfen die Kinder nämlich in die Quabbelhaut einer kleinen Qualle und gehen auf Tauchstation: In der Reimgeschichte geht es um den Atemstrom, darum, wie man ihn fühlen kann, und um verschiedene Lippenbewegungen, die die Lippen sensibler und fester machen können.

Zur Vorbereitung geben Sie für jedes Kind eine Salzstange und einen kleinen Knusperfisch auf einen eigenen Teller. Dann kann es schon losgehen!

Die kleine Qualle schwimmt im Meer,
mit Quallenbewegungen, sie beeilt sich sehr.

den Mund aufmachen, dann zumachen und die Lippen nach vorne stülpen, diese Bewegungen mehrmals wiederholen, um die Quallenbewegungen darzustellen

„Ich hab so schrecklichen Hunger, oje!",
sagt sie und geht auf die Jagd in der weiten See.

wie oben

Da ist ja ein Fischlein, das schnappt sie direkt,
„happs!" macht sie schon und das Fischlein ist weg.

ein Fischlein nur mit den Lippen vom Teller aufnehmen und verputzen

Ach, das war gut, sehr lecker war das,
schnell noch ein Stückchen Meeresgras!

nun eine Salzstange nur mit den Lippen aufnehmen und versuchen, ohne Hände zu essen

Oje, wo ist der denn hergekommen?
Da kommt ja ein Riesenhai angeschwommen!

den Mund ganz weit aufreißen

Die Qualle holt Luft und macht sich ganz dick,
presst sich zusammen und macht einen Trick!

Luft holen und ganz dicke Backen machen

Sie stößt die Luft aus und witscht eins, zwei, drei
wie ein Blitz unter Wasser, schnell weg von dem Hai.

die Lippen fest zusammenpressen, dann die Luft durch die Lippen entweichen lassen – der Laut „P!" entsteht

Ach, das war knapp, die Qualle seufzt auf,
schwimmt wieder weg, schnauf-schnauf und schnauf-schnauf.

tief seufzen und dabei einen langen Atemzug ausatmen, dann wieder die Quallenbewegungen mit dem Mund machen

TIPP Auch dieses Gedicht und einige passende Knabbereien (die immer aufgefrischt werden) können in die Sprachförderkiste wandern.

Ab in die Mucki-Bude

TRAINING FÜR MUND- UND KIEFERMUSKELN

Atem- und Mundmuskeltraining

Das brauchen Sie einen Eierkarton samt Deckel (6er-Pack, für ältere Kinder auch 10er-Pack möglich) • bunte Fingerfarben • Mini-Pompons in den Farben der Fingerfarben
Für ältere Kinder: schwarzen Filzstift und zusätzlich Wattekugeln • Federn und Pompons in verschiedenen Größen
Nach Wunsch: dicke Pinsel • kleine Schälchen • Strohhalme (aus Papier, da die Metallversion evtl. das Zahnfleisch verletzen kann)

Mit Saug- und Pustespielen aller Art können Kinder fast von allein ihre Mundmuskulatur trainieren. Wenn Sie das Wattebäusche- und Federnpusten langweilig finden und die Kinder gern mit etwas Neuem überraschen möchten, finden Sie hier ein komplizierteres und schwierigeres Spiel zum Saugen, das Sie selbst bauen können: Ihr eigenes Fitnesscenter für den Mund!

Die Kinder bemalen mit den Fingern oder mit dicken Pinseln die Vertiefungen im Karton in bunten Farben (jede Vertiefung in einer anderen Farbe). Gut trocknen lassen. In der Zwischenzeit sortieren die Kinder die Pompons nach Farben in Schälchen. Dann bekommt jedes Kind einen Stroh-

SCHLAFFE MUNDMUSKULATUR: HINDERNIS BEIM SPRECHENLERNEN

Eine allgemein eher schlaffe Mundmuskulatur kann Teil von sogenannten *Myofunktionellen Störungen* sein. Dann liegt die Zunge zusätzlich oft nicht am Gaumen an, sondern an der Unterlippe oder sie guckt zwischen den Zähnen hervor. Kinder mit diesen Auffälligkeiten atmen oft mehr durch den Mund als durch die Nase und haben manchmal Schwierigkeiten beim Schlucken und Kauen. Dann kann auch die Aussprache undeutlich sein oder die Kinder haben generell Schwierigkeiten, bestimmte Laute (vor allem Zischlaute/S-Laute) zu bilden.

halm und es kann schon losgehen (je zwei Kinder können hier gleichzeitig spielen): Schaffen es die Kinder, jeden Pompon in die richtige Vertiefung der gleichen Farbe im Eierkarton zu bugsieren? Dazu dürfen sie allerdings nicht die Hände benutzen, sondern sie müssen den Pompon mit dem Strohhalm ansaugen und so zur Vertiefung transportieren.

Puste-mal-Labyrinthe

EIN PUSTE-WETTBEWERB FÜR STARKE LUNGEN

Atemführung

Das brauchen Sie

Zum Experimentieren: Puste- und Saugmaterial wie Pompons, kleine und große Wattebäusche und Wattekugeln, Glitzerfiguren, Tischtennisbälle, Papier- und Alufolie-Knäuel
Für die Labyrinthe: Tonkartonbogen für jedes Kind (etwa DIN A4) • Strohhalme • Filzstifte • Scheren • Klebstoff

Bei diesem DIY-Spiel pusten die Kinder kleine Bällchen oder Kugeln durch ein selbst gemachtes Labyrinth. Wie bei allen Puste- und Saugaktionen auf diesen Seiten müssen Sie auch hier aufpassen, dass nur Kinder über 3 Jahren mitmachen und kein Kind Kleinteile aus Versehen einatmet oder verschluckt!

Bevor Sie starten, können die Kinder mit Strohhalmen selbst einmal ausprobieren, welches Material sich leichter ansaugen und pusten lässt. Leichte kleine Bälle mit großem Durchmesser lassen sich besser ansaugen als schwere Materialien, denn man braucht weniger Saugkraft dafür. Wie ist es beim Pusten? Die Kinder können ihr Material ordnen nach „leicht“ und „schwer“ und selbst Spiele dazu erfinden.

Für Labyrinthe zeichnen sich die Kinder mit etwas Hilfe von Ihnen „Wege“ auf ihren Tonkartonbogen. Die Wegränder bekleben Sie mit Strohhalmstücken. Wenn die Kinder nun eine Kugel durch diesen Weg pusten, rollt sie nicht mehr zur Seite weg. Je kurviger die Wege allerdings angelegt sind, desto schwieriger ist es, die Kugel hindurchzupusten. Für ihr Labyrinth malen die Kinder am besten auch einen Start- und Zielbereich auf. Je nach gewünschtem Schwierigkeitsgrad können die Labyrinthe einfach sein oder auch sehr schwer, wenn viele Wege sich kreuzen oder einige davon nicht ins Ziel führen.

Wichtig ist hierbei aber nicht, dass die Kinder sich korrekte Labyrinthe ausdenken und aufzeichnen, sondern der Pustespaß innerhalb der Wege sollte im Vordergrund stehen. Kinder, die kein Labyrinth zeichnen möchten, können sich auch einen Weg durch einen Blumen- oder Feengarten oder durch ein Straßengewirr in der Stadt aufmalen und aufkleben und den Rest des Bogens verzieren und passend bemalen. Auch Rennstrecken, Berg-und-Tal-Fahrten, unterirdische Höhlengänge und vieles mehr je nach Ideen der Kinder passt ebenfalls als Kulisse. Und auch ein Fußballfeld mit Fußball kann entstehen und zum Wettpusten einladen (dann natürlich mit eingezeichneten Toren).

Föhnsauger bei der Arbeit

EINE SAUG-UND-PUSTE-MITMACHGESCHICHTE

Training der Atem- und Gesichtsmuskulatur

Ein Föhnsauger ist ein tolles Gerät: Es kann saugen wie ein Staubsauger und auch pusten wie ein Föhn oder Ventilator. Er ist zwar noch nicht erfunden, aber in dieser Geschichte kommt der Föhnsauger trotzdem schon mal vor.

Zum Aufwärmen können die Kinder vormachen, wie ihrer Meinung nach ein Föhn macht: Dazu einfach feste pusten und ein summendes Föhngeräusch machen. Föhne im XXL-Format kommen beispielsweise auch in der Auto-Waschanlage vor. Hier pusten sie die Autos nach der Wäsche trocken.
Zum Saugen können sich die Kinder an Staubsauger erinnern: Dazu den Mund zum Beispiel ganz rund und klein machen, die Wangen einziehen und die Luft nach innen in den Mund ziehen. Wer's kann, darf dazu natürlich auch Staubsaugergeräusche machen. Nun können Sie das Gedicht ausprobieren und diese Bewegungen einsetzen.

Ein Föhnsauger ist ein tolles Gerät,
kann pusten und saugen, von früh bis spät.

das Pusten und Saugen vormachen

Heut ist er in der Waschgarage dabei:
pustet Autos trocken: Das geht eins, zwei, drei.

Pustebewegungen wie der Riesenföhn in der Trocknungsanlage

Doch auch beim Frisör ist er nützlich und fit:
föhnt Haare trocken und Frisuren gleich mit.

Pustebewegungen wie ein Föhn machen

Bei Hitze pustet er zur Abkühlung Wind,
das macht er ganz kühl und ruck, zuck, geschwind.

Pusten wie ein Ventilator

Anders ist es bei Krümeln und Staub,
die saugt er mit großem Schlürfen auf.

Saugen wie ein Staubsauger

Die Elefanten haben Hunger

EINE LIPPEN-UND-ZUNGE-MITMACHGESCHICHTE

Lippen- und Zungenbeweglichkeit

Das brauchen Sie für jedes Kind einen kleinen Teller • Cornflakes oder Haferflocken (auch Krümel oder Streusel sind geeignet) • Blaubeeren oder Gummibärchen

Bei dieser Mitmachgeschichte versuchen die Kinder, nur mit Zunge und Lippen kleine Häppchen von einem Teller aufzunehmen. Auch das ist eine gute Übung für die Mundmuskulatur – Tischmanieren haben hier kurz Pause. Sie können sie nach dem Essen in Verbindung mit einem kleinen Nachtisch einbauen.

Stellen Sie die Teller auf einen Tisch, an dem die Kinder bequem sitzen können. Auf jeden Teller geben Sie einige Streuteile (eine Handvoll Cornflakes, Haferflocken oder Kuchenkrümel) und ein festes Teil (eine Blaubeere oder ein Gummibärchen). Die Kinder können passend zum Text oder nach eigenen Ideen die Streuteile nur mit der Zunge aufnehmen (den Teller nicht in die Hand nehmen, sondern nur mit der Zunge arbeiten). Das große einzelne Teil sollen sie nur mit den Lippen oder mit Zunge und Lippen aufnehmen.

Die Elefanten strecken den Rüssel vor,
lauschen mit einem Elefantenohr.

die Zunge ganz weit herausstrecken

Sie suchen nach Nahrung im tiefen Wald,
nach einem Häppchen, hoffentlich finden sie's bald.
über die Lippen lecken

Ach, da ist ja ein bisschen Heu,
schnell raus den Rüssel, oh wie toll, freu!
Haferflocken/Cornflakes nur mit der Zunge vom Teller aufnehmen

Ist das Feld abgeerntet, macht den Test,
dann gibt's noch eine Frucht zum Fest!
die Blaubeere/das Gummibärchen nur mit den Lippen aufnehmen

Sätze und Wörter bilden

Das richtige Wort finden, aus Wörtern Sätze bauen und so seine Meinung, Bedürfnisse oder sein Befinden ausdrücken: Auf den folgenden Seiten finden Sie lustige Morgenkreis- und Spielideen, bei denen es um Satzbildung, Wortschatz und Wortbildung geht. Quatschgedichte und Aufpass-Fingerspiele sind auch mit dabei.

DAS SÄTZEBILDEN FÖRDERN

Im Alltag sprechen Ihre Kinder vielleicht gern in Kurzformeln. Ermuntern Sie die Kinder immer wieder, ganze Sätze zu bilden und auszusprechen, und helfen Sie ihnen dabei, falls nötig. Auch Wiederholspiele wie „Ich packe meinen Koffer und nehme mit …" sind hilfreich.

Lieblingsdinge

EINE FRAGESPIEL-RUNDE IM MORGENKREIS

Wortschatzförderung

KINDER MIT DAZ

Kommen Sie mit den Kindern im Kreis zusammen oder bauen Sie die Fragerunde in den Morgenkreis mit ein. Zum einen können Sie sich durch Lieblingsdinge gegenseitig besser kennenlernen. Bezogen auf die Sprachentwicklung der Kinder hat diese Runde den Vorteil, dass die Kinder auch ihren Wortschatz erweitern und zwischen Ober- und Unterbegriffen logisch unterscheiden lernen.

Sagen Sie zum Beispiel: „Habt ihr eine Lieblingsfarbe? Meine ist Gelb." Nun können alle Kinder ihre Lieblingsfarbe nennen. Fragen Sie auch gezielt nach: „Meinst du ein helles Blau oder ein dunkles?" Nehmen Sie auch Farbbezeichnungen dazu, die die Kinder vielleicht noch nicht kennen, wie Himmelblau, Azur, Marine, Türkis, Mint, Zitronengelb, Sonnengelb usw. Prima, wenn die Kinder in einem ganzen Satz antworten: „Meine Lieblingsfarbe ist Rot." Und toll, wenn die Kinder eigene Lieblingsfarbennamen erfinden: Blumenrosa, Vulkanrot, …
Als Nächstes teilen Sie beispielsweise Ihr Lieblingsessen mit, dann steigen die Kinder ein, danach können sich weitere Lieblingsdinge anschließen – auch über verschiedene Morgenkreise verteilt: Lieblingstiere, Lieblingsspielzeuge, Lieblingspflanzen, Lieblingsobst, … Da haben die Kinder bestimmt noch viele weitere eigene Ideen.

Obst, Gemüse oder Nuss?

EIN MUSIKSTOPPSPIEL MIT UNTER- UND OBERBEGRIFFEN

Wortschatz und Semantik

Das brauchen Sie CD-Spieler mit Musik

KINDER MIT DAZ

Wörter direkt im Gedächtnis parat zu haben und zu jedem Wort sofort die richtige Bedeutung zu wissen: Das fällt vielen Kindern oft noch schwer – und kann einfach eine Phase im Spracherwerb sein. Andererseits ist ein bestimmter verfügbarer Wortschatz wichtig, damit wir ausdrücken können, was wir wollen, brauchen oder einfach mitteilen möchten. Hier bieten sich Spiele an, die helfen, logische Wortzuordnungen zu treffen und zu behalten, wie Spiele mit Unter- und Oberbegriffen.

Dieses Spiel ist für Kinder geeignet, die sich schon gut mit Lebensmitteln auskennen. Es kann sich beispielsweise als nützlich in einem Projekt rund um die Ernährung erweisen oder jahreszeitlich passen, etwa zur Erntezeit.
Überlegen Sie sich mit den Kindern vorab bestimmte Bewegungen, die sie ausführen, wenn ein Obst, ein Gemüse oder eine Nuss ausgerufen wird, beispielsweise:
- Obst: in die Hocke gehen wie ein Apfel, der vom Baum fällt
- Gemüse: ganz groß machen und ganz still und starr stehen
- Nuss: ganz flach auf den Boden legen

Nun stellen Sie die Musik an. Beim Musikstopp rufen Sie zum Beispiel: „Apfel!" Die Kinder müssen nun blitzschnell überlegen, was ein Apfel ist: ein Obst?

WAS IST SEMANTIK? WAS IST LEXIK?

Semantik ist die Lehre von Zeichen, genauer: die Lehre von der Bedeutung von Symbolen, Icons, Wörtern, Wortteilen oder auch Sätzen und Satzteilen. Sie untersucht Toiletten- und Verkehrsschilder auf ihren Bedeutungsgehalt genauso wie einzelne Wörter, Fachbegriffe oder komplexe Sätze.
Mit *Lexik* oder *Wortschatz* (auch Vokabular) bezeichnet man die Gesamtheit aller Wörter. Die Gesamtheit aller Wörter kann sich auf eine Sprache beziehen (Wie viele Wörter hat das Deutsche?) oder auf einen einzelnen Sprecher (den Wortschatz einer Person).

WAS IST EINE SEMANTISCH-LEXIKALISCHE STÖRUNG?

Semantisch-lexikalische Störungen gehören zu den Sprachentwicklungsstörungen. Betroffene haben ein schlechtes, fehlendes oder schlecht abrufbares semantisches oder lexikalisches Wissen. Dabei kann die Störung zu Schwierigkeiten mit dem Sprachverständnis (Verstehen), aber auch in der Sprachproduktivität (Sprechen) führen oder zu beidem. Auffällig sind dabei eine deutliche Verzögerung in der lexikalischen Entwicklung und/oder eine geringe Vielfalt im Bereich von Wörtern (beispielsweise werden immer nur die gleichen Verben, etwa tun oder machen, benutzt). Kinder mit semantisch-lexikalischen Störungen brauchen oft sehr lange, um Sätze zu bilden, ringen oft um Worte und zeigen dann vielleicht in ihrer Not auf Dinge, anstatt sie zu benennen.

Ein Gemüse? Eine Nuss? Dann führen sie die richtige Bewegung aus. War sie korrekt? Dann startet die nächste Runde, in der Sie beim Stopp der Musik vielleicht rufen: „Blumenkohl!" Machen die Kinder die richtige Bewegung? Dann geht es weiter.
Bei diesem Spiel müssen Sie botanisch nicht ganz genau handeln: Eine Erdbeere (im botanischen Sinn eine Sammel-Nussfrucht) darf hier ruhig zum Obst gezählt werden und eine Erdnuss (botanisch eine Hülsenfrucht) zur Nuss.

Die Fee kocht Brei

EIN UNSINNSGEDICHT MIT MANCHMAL FALSCHEN WÖRTERN

Syntax, Semantik, Sinnzusammenhänge erkennen

In diesem lustigen Aufpassgedicht, das in den Morgenkreis passt oder in der Kuschelecke für Gelächter sorgen kann, hat die Fee Marie leider ein paar Fehler gemacht. Hier geht es um sinnvolle und sinnlose Sätze. Können die Kinder das falsche Wort in jeder Strophe (hier fett gedruckt) erkennen und formulieren, wie der Vers richtig heißen muss?

Die Fee Marie hat heute frei,
drum **backt** sie heute einen Brei.
(drum KOCHT sie heute einen Brei)

Sie schüttet Milch in einen **Kopf**,
und legt dazu ein Haar aus ihrem Zopf.
(Sie schüttet Milch in einen TOPF)

Als Nächstes ein paar Gewürze dazu,
umrühren, **wegwerfen**: das geht im Nu.
(umrühren, KÖCHELN LASSEN, das geht im Nu)

Hmmm, das riecht ja schon lecker und fein,
jetzt kommt noch etwas **Matsch** mit hinein.
(jetzt kommt noch etwas MEHL/REIS/FEENFLOCKEN … mit hinein)

Wieder rühren, rundherum:
Wegfliegen darf nichts, das wäre ja dumm.
(ANBRENNEN darf nichts, das wäre ja dumm)

Jetzt ist er fertig, der **Ameisenschleim**!
Und schon kommt auch noch Besuch herbei.
(Jetzt ist er fertig, der FEINE BREI)

Die Hexe Mathilde kommt mit dem Besen an,
den **zündet** sie draußen am Zaunpfosten an.
(den LEHNT sie draußen am Zaunpfosten an)

„Hallo, liebe **Elfe**, beinah hätt' ich's vergessen,
gibt es bei dir denn auch was zu essen?"
(Hallo, liebe FEE, …)

Die Fee streut Zucker und Zimt auf den Brei:
„Setz dich, liebe **Nixe**, komm schnell herbei!"
(Setzt dich, liebe HEXE, komm schnell herbei)

Die Hex und die Fee, die futtern den Brei,
da klopft es schon wieder: eins, **fünf** und drei!
(da klopft es schon wieder: eins, ZWEI und drei)

Es ist der Räuber mit wildem Bart:
„Bekomm ich von eurem **Brot** auch was ab?"
(„Bekomm ich von eurem BREI auch was ab?")

Na klar, die Fee hat genug, der **König** nimmt Platz,
isst seinen Brei mit ganz viel Geschmatz.
(der RÄUBER nimmt Platz)

Die Fee und die **Nixe**, die müssen lachen:
Was Räuber doch für Geräusche machen!
(die Fee und die HEXE)

Was brauche ich, wenn …?

EIN ZWISCHENDRIN-SPIEL ZUM SÄTZE-ERGÄNZEN

Syntax, Semantik

KINDER MIT DAZ

Bei diesem Spiel benötigen die Kinder ganz konkret das Wissen darum, wie man Sätze korrekt bildet. Gleichzeitig müssen sie aber auch die richtigen Antworten kennen und die Wörter für die Werkzeuge, Hilfsmittel oder Geräte, die hier gefragt sind. Darum werden hier die Fähigkeiten für Syntax, Semantik und Lexik gleichzeitig gefördert.

Haben die Kinder Lust auf eine spannende Rätsel- und Fragerunde? Laden Sie sie in einen gemütlichen Sitzkreis ein und stellen Sie die Fragen. Bei manchen Fragen ist die Antwort ganz einfach, bei anderen etwas kniffliger. Oft werden die Kinder vielleicht das richtige Wort suchen: Sie können sich das Werkzeug oder Gerät zwar vorstellen, sehen es im Geist vor sich, aber das Wort dafür fällt ihnen gerade nicht ein. Helfen Sie nur, wenn die Kinder gar nicht weiterkommen. Die Kinder können zunächst beschreiben, wie das Ding aussieht. Falls Ihre Kinder noch Schwierigkeiten haben, können Sie auch die Fragen aussuchen, auf die die Kinder am ehesten eine Antwort wissen:

- Was brauche ich, wenn ich ein Türschloss aufsperren will? (einen Schlüssel)
- Was brauche ich, wenn ich in einem Topf rühren möchte? (einen Kochlöffel)
- Was brauche ich, wenn ich mir die Zähne putzen muss? (eine Zahnbürste und Zahncreme)
- Was brauche ich, wenn ich malen will? (Stifte oder Farben und Malpapier)

- Was brauche ich, wenn mein Fahrradreifen platt ist? (eine Luftpumpe)
- Was brauche ich, wenn ich schwimmen gehen will? (Badeanzug/Badehose, Handtuch)
- Was brauche ich, wenn ich ein Bild aufhängen will? (Hammer, Nagel)
- Was brauche ich, wenn ich Plätzchen backen will? (Teig, Backblech, Ofen)
- Was brauche ich, wenn ich die Wiese mähen will? (Rasenmäher, Traktor)
- Was brauche ich, wenn ich eine Mauer bauen will? (Steine/Ziegelsteine, Beton/Mörtel, Kelle, Wasser)
- Was brauche ich, wenn ich bei Regen nach draußen gehen will? (Schirm, Regenjacke, Matschhose, Gummistiefel)

Wie geht es denn wohl weiter?

EIN FANTASIESPIEL MIT OFFENEM ENDE

Syntax, Semantik, Morphologie

KINDER MIT DAZ

Um einen angefangenen Satz fortzuführen, brauchen die Kinder schon einiges an Wissen und Kompetenz: über Grammatik, Morphologie, Sinnzusammenhänge. Diese komplexe Aufgabe können Sie spielerisch trainieren. Auf einer Busfahrt, vor dem Mittagessen, in der Kuschelecke oder auch ganz bewusst.

Wählen Sie dazu einen Satzanfang, der die Kinder interessiert. Toll, wenn die Kinder darüber diskutieren, wie es denn weitergehen soll. Gerade bei Diskussionen trainieren die Kinder das Denken, Verstehen und Sprechen sehr intensiv!
Bei manchen Sätzen müssen nur ganz wenige Wörter (vielleicht nur ein Wort oder zwei Wörter) ergänzt werden. Prima für den Einstieg! Andere brauchen einen ganzen Nebensatz. Beim Ergänzen der Sätze lernen und trainieren die Kinder das, was später im Grammatikunterricht einmal Kenntnis über Satzglieder und Satzgliedteile heißen wird. Einige angefangene Sätze als Beispiele:

Ergänzungen von Satzgliedern:
Großvater streichelt behutsam …
Ich leihe Tim mein liebstes …
Die zwei Bären teilen sich ...

WAS VERSTEHT MAN UNTER MORPHOLOGIE?

Die Morphologie (auch Morphemik) untersucht die Struktur von Wörtern, das heißt ihren Aufbau und die Regeln, die beim Bauen/Erschaffen von Wörtern angewendet werden. Grammatisch sind Flexionsformen, Wortarten und Wortbildung Teil der Morphologie. Der Begriff „Morphologie" kommt aus dem Altgriechischen, wo *morph* so viel wie Form oder Gestalt bedeutet. Die Flexion (von lat. *flexio* – Biegung, Beugung) ist eine Art Veränderung, mit der Wörter markiert werden, damit sie in Beziehung zueinander stehen. Zur Flexion gehören die Konjugation (ich bin, du bist, er/sie/es ist, wir sind, …), die Deklination (die Mutter, der Mutter, die Mütter, …), aber beispielsweise auch Veränderungen an Verben durch Vorsilben. Beim Bauen von Sätzen müssen Regeln der Flexion angewendet werden: „Die Brüder verlassen die Schule" statt „Der Bruder lassen Schule". Auf diese Weise werden aus Wörtern Sätze und Sachverhalte.

Superhelden leben gern in großen …
Lisa schenkt ihr schönstes Klebebild …
Am liebsten sitze ich in/an …
Ein kleiner Tiger lebte einmal ganz weit weg in …
Heute habe ich ein Geschenk gekauft für meine …
Der Vulkan …

Ergänzungen von Nebensätzen:
Der kleine Drache muss husten, weil …
Heute ist es so heiß, dass …
Schnell holt Tom sein Brot aus seiner Brotdose, bevor …
Das Mädchen nimmt den kleinen Hund mit nach Hause, damit …
Der kleine Bär ist so traurig, dass …
Wenn du mir einen Euro schenkst, dann …

Was fehlt denn da?

ab 5 Jahren

RÄTSELSÄTZE ZUM ERGÄNZEN

Syntax, Wortschatz, Morphemik

KINDER MIT DAZ

In diesen Sätzen fehlt das Wichtigste: das Prädikat (ein Verb oder Tuwort, das ausdrückt, was denn eigentlich passiert). Können es die Kinder ergänzen? Diese Übung bietet sich besonders für die Vorschulkinder an. Denn statt gehen, machen usw. können die Kinder auch einmal besondere Verben (stürzen, eilen, backen, verzieren, schmökern, …) einsetzen. Fallen ihnen solche Wörter ein?

Tragen Sie die Sätze so vor, dass die Kinder aufhorchen. Sagen Sie zum Beispiel: „Papa hmhm in eine Riesenpfütze."

Weitere Beispielsätze:
Ich … ins Spielzeuggeschäft.
Mama … ein Bilderbuch.
Der kleine Drache … eine Torte für seinen Geburtstag.
Der Clown … eine Grimasse.
Im Drogeriemarkt … Lilly blaue Badetabletten.
Der Räuber … einen ganzen Braten und fünfzehn Hühnerbeine.
Dornröschen …hinter einer Dornenhecke.
Eine Rakete … über den Himmel.
Die Maus … ein Stückchen Brot.

Im Anschluss können sich die Kinder selbst noch weitere Sätze ausdenken, in denen das Prädikat/Verb fehlt. Können die anderen Kinder es einsetzen? Achten Sie darauf, dass die Form richtig ist, also nicht: „Ich gehen ins Spielzeuggeschäft", sondern: „Ich gehe ins Spielzeuggeschäft". Das Wort „gehe" können die Kinder auch ersetzen durch „eile", „renne", „laufe" usw. Für Kinder mit Deutsch als Zweit- oder Fremdsprache können Sie besonders herausstellen, dass es heißt: „Ich gehe", dass es aber bei du heißt: „du gehst" usw. Damit üben Sie die Flexion, hier Konjugation (vgl. Kasten links).

Alarm im Rabennest

EINE GESCHICHTE ZUM ZU-ENDE-ERZÄHLEN

Erzählen und Erfinden

Das brauchen Sie Kärtchen • Stifte • nach Wunsch: festes Malpapier, Tacker, PC und Drucker

Diese Geschichte von einem kleinen Rabenkind bricht mitten an der spannendsten Stelle ab. Können die Kinder sie zunächst nacherzählen und ein Ende nach ihren eigenen Ideen dazuerfinden?

Die Geschichte

Es war einmal eine Raben-Mama. Hoch oben in einem Baum hatte sie mit dem Raben-Papa ein Nest gebaut. Innen war es von den Eltern weich mit Federn, Moos und Heu ausgepolstert worden, damit es die Raben-Küken schön warm und weich hatten. Die Raben-Mama hatte fünf Eier gelegt und kleine Raben-Babys waren ausgeschlüpft. Jetzt lagen die Babys gemütlich im warmen Nest und schlummerten. Die Raben-Eltern waren ständig unterwegs, um Nahrung zu fangen. Sie pickten Spinnen, Würmer, Käfer, Fliegen und manchmal auch kleine Eidechsen oder Frösche auf und brachten sie zum Nest. Hier waren die kleinen Raben schon aufgeregt und freuten sich auf ihr Fressen.

Gerade hatte die Raben-Mama einem der kleinen Babys eine Spinne in den Schnabel gestopft und ruhte sich jetzt für ein Weilchen aus. Eines der kleinen Vogelkinder beugte sich über den Rand des Nestes und guckte hinaus. Unten auf der Erde tief unter dem Baum gingen Spaziergänger. Das Vogelkind beugte sich noch ein Stückchen weiter und noch ein Stückchen und noch ein Stückchen und … schwupps! Da fiel es aus dem Nest und fiel und fiel und fiel. Die Raben-Mama krächzte aufgeregt und auch die Raben-Babys krächzten erschrocken durcheinander …

NACHERZÄHLEN UND WEITERDICHTEN

Zum Nacherzählen können Sie für die Kinder Stationenkärtchen herstellen. Dazu bemalen Sie mit den Kindern die Kärtchen mit den Hauptinhalten der Geschichte in der richtigen Reihenfolge: Raben, die ein Nest bauen und auspolstern, Eier im Nest, Rabenbabys, die ausschlüpfen, ein Baby, das aus dem Nest purzelt. Wenn die Kinder sich beim Nacherzählen an diesen Kärtchen orientieren, fällt es ihnen leichter, die Geschichte zusammenhängend zu erzählen.

Zum Weiterdichten können Sie zunächst die Ideen der Kinder sammeln und notieren. Die Version, für die sich die Kinder entscheiden, illustrieren Sie dann mit den Kindern mit weiteren Kärtchen. Alle Kärtchen gemeinsam enthalten jetzt die Raben-Geschichte.

NOCH MEHR ERZÄHLEN UND FABULIEREN

Sie können die Geschichte auch in Form eines Bilderbuchs auf Malpapier aufschreiben und illustrieren und die Seiten einfach mit einem Tacker zusammenheften. Und auch ein Hörspiel können die Kinder aufnehmen, beispielsweise auf einem Diktiergerät, Smartphone oder per Video. Dann können die Kinder noch Geräusche dazunehmen: Wie hört es sich wohl an, wenn der Wind oben im Baum weht? Wie krächzen die kleinen Raben?

Literacy

Aus der englischsprachigen Fachliteratur stammt der Begriff „Literacy“. Erfahrungen der Kinder mit Schrift und Schriften, Texten und Büchern spielen hier eine Rolle, genauso wie das eigene Erzählen(können) und die Freude daran. Denn Kinder schließen schon lange, bevor sie in der Schule lesen und schreiben lernen, Bekanntschaft mit Schreiben und Schrift, Texten und Büchern. Auf den folgenden Seiten steht das lustvolle Erfahren dieser Dinge im Vordergrund.

LITERACY-IDEEN IM ALLTAG

Erfinden Sie neue und ungewöhnliche Formen des Erzählens mit den Kindern:

- ein Hör-Bild (ein Bild, das Gehörtes festhält, beispielsweise von einem Waldspaziergang);
- Kamishibai und andere Erzähltheaterformen;
- Geschichtensäckchen, Stationenkärtchen und weitere Erinnerungshilfen;
- selbst gedrehte Videos (einfach per Smartphone);
- Rollenspiele;
- Bilderbuchbetrachtungen;
- gemeinsame Ausflüge ins Internet, um Sachwissen für die Kinder zu Themen, die sie gerade interessieren, zu sammeln

Reihenfolgen-Tabletts

MIT REIHENFOLGEN ERZÄHLEN LERNEN

Logik, Literacy

Das brauchen Sie Tabletts • Reihenfolgen-Kärtchen (aus dem Pädagogik-Fachhandel oder selbst gemacht: Blanko-Kärtchen und Buntstifte)

Die meisten Geschichten, gerade für Kinder geschriebene Geschichten, haben einen bestimmten Ablauf: Das Geschehen dieser Geschichten durchläuft verschiedene Stationen in einer bestimmten Reihenfolge. Reihenfolgen sind aber auch im Alltag wichtig, beispielsweise bei banalen Dingen wie Händewaschen, An- oder Ausziehen. Das Verstehen und Meistern von Reihenfolgen ist darum grundlegend für das Verstehen und Erzählen von Texten und Geschichten und um Alltagsfertigkeiten zu beherrschen. Hier üben Sie es ganz spielerisch mit den Kindern.

Reihenfolgen gibt es in unserem Leben – auch in dem der Kinder – zuhauf: Das Aufstehen morgens hat eine bestimmte Reihenfolge, genauso das Tischdecken, Anziehen und Ausziehen, auch das Anzünden einer Kerze, das Wachsen einer Blume aus einer Blumenzwiebel, das Pflanzen eines Baumes oder das Bauen eines Turms mit Bausteinen. Malen Sie für die Kinder Kärtchen dazu oder bemalen Sie die Blanko-Kärtchen gemeinsam mit den Kindern. Dazu können Sie Reihenfolgen aus dem momentanen Erleben der Kinder auswählen. Malen Sie beispielsweise für jede Reihenfolge vier Kärtchen. Im Beispiel der Blume vielleicht 1) das Einsetzen einer Zwiebel in die Erde, 2) Schnee deckt die Zwiebel im Winter zu, 3) die Zwiebel treibt im Frühling aus, 4) eine Blume ist aus der Zwiebel gewachsen. Einfacher geht es mit Kärtchen aus dem Fachhandel.
Legen Sie auf ein Tablett eine Reihenfolge in wirrer Abfolge. Kann das Kind in der Einzelsituation die Reihenfolge richtig auslegen und dazu erzählen, was hier passiert? Auch mehrere Kinder können je gleichzeitig ein Tablett bekommen und dann im Kreis ihre Kärtchen zeigen und dazu erzählen, was hier passiert. Natürlich können Sie und die anderen Kinder dabei helfen!

Huch, die kleine Raupe ist weg?

EIN STATIONEN-FINGERSPIEL ZUM NACHSPIELEN

Literacy, Auditive Differenzierung

Ein tolles Abenteuer lässt sich auch ganz kurz erzählen, beispielsweise in einem einfachen Fingerspiel. Dieses Fingerspiel können die Kinder mit Ihrer Hilfe und den eigenen Fingern ruck, zuck selbst erzählen.

Es war einmal eine Raupe, ganz klein,
die fraß und fraß an einem Blättchen fein.

den Zeigefinger zeigen, mit dem Zeigefinger an der Handfläche der anderen Hand „knabbern"/kratzen

Immer dicker wurde das kleine Tier.
Und müde auch, das sag ich dir!

gähnen

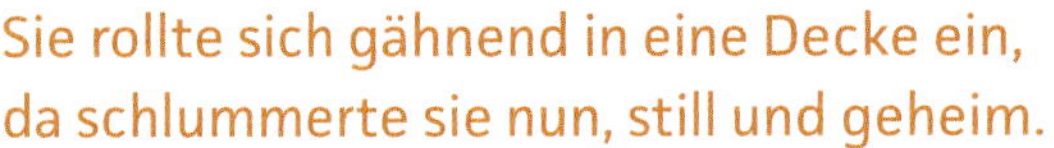

Sie rollte sich gähnend in eine Decke ein,
da schlummerte sie nun, still und geheim.

den Zeigefinger auf die Handfläche der anderen Hand legen, dann die Hand um den Zeigefinger schließen

Dann schlief sie für eine lange Weile,
Raupen haben hier keine Eile.

Zeigefinger in der Faust stecken lassen

Doch nach einer Zeit, da bewegte sich was,
da rumpelt's und pumpelt's: Wer war denn das?

die Faust mit dem Finger darin schütteln

Aus der Decke kriecht ein Schmetterling!
Was für ein wunderschönes Ding!

die Hände zu einem Schmetterling zusammenlegen

Er trocknet die Flügel: klapp auf, klapp zu,
flattert davon, kleiner Falter, mach's gut!

mit den Händen davonflattern, winken

Säckchen-Geschichten

HILFSMITTEL ZUM NACHERZÄHLEN UND SELBSTERFINDEN

Literacy, Fantasieförderung

Das brauchen Sie

– Säckchen 1: Spielzeugfigur Eichhörnchen • Haselnuss • kleines Bild Herbst • kleines Bild Winter
– Säckchen 2: Spielzeugfigur Drache • Paillette • Streichhölzer • kleine Schale (später mit etwas Wasser füllen – hier Brandschutzvorschriften der Einrichtung beachten!)
– Säckchen 3: Ein Blatt von einem Baum (echt oder ausgeschnitten) • eine kleine Raupe (Spielzeugfigur oder aus Papier ausgeschnitten) • Stiftstopfen (als Hülle/Kokon) • Schmetterling (aus Papier ausgeschnitten)

MATERIAL FÜR DIE SPRACHFÖRDERKISTE

Geschichtensäckchen sind längst ein bekanntes Hilfsmittel in der Literacy in Kita und Kiga: Sie eignen sich, um kleine Geschichten, Gedichte oder sogar ganze Bilderbücher, Videos, Serienfolgen und Filme nachzuerzählen. Sie können sie aber auch nutzen, um ganz eigene Geschichten zu erfinden. Sie funktionieren nämlich dann besonders gut, wenn sie spannende und für die Kinder interessante Füllungen beinhalten.

Mit den Säckchen können die Kinder nun eine Geschichte erzählen. Bei diesen Säckchen ergibt sich die Reihenfolge ungefähr von selbst, denn sie beschreiben Abläufe – ein gutes Vortraining fürs spätere Geschichtenerzählen auch mit anderen Säckchen. Geschichtensäckchen können Sie überall einbauen, denn sie sind klein genug, um sie beispielsweise auch auf Ausflüge oder nach draußen mitzunehmen. Lassen Sie die Kinder zunächst die Säckchen öffnen, die Gegenstände entnehmen und betrachten, beschnuppern, befühlen und besprechen. Benennen Sie jeden Gegenstand dabei gemeinsam. Lassen Sie die Kinder auch erzählen, was sie über die Gegenstände im Säckchen schon alles wissen. Dabei wird meist schon von selbst eine kleine Geschichte entstehen.

BEISPIEL SÄCKCHEN 1

Das Eichhörnchen sammelt viele Nüsse, denn es ist Herbst und es muss sich auf den Winter vorbereiten. (Die Nüsse vergräbt es in geheimen Verstecken.) Dann kommt der Winter und Schnee fällt. Jetzt gibt es für die Tiere wenig Nahrung.

BEISPIEL SÄCKCHEN 2

Der Drache hat einen Panzer aus Schuppen. Eine Schuppe (Paillette) fühlt sich ganz glatt an und sie schillert. Der Drache kann Feuer machen (Streichholz anzünden, anschließend dürfen es die Kinder auspusten oder sie legen es in die mit Wasser gefüllte Schale und sehen zu, wie es zischend darin erlischt).

BEISPIEL SÄCKCHEN 3

Eine kleine Raupe lebt auf einem Blatt. Sie frisst von dem Blatt, dann macht sie sich einen Kokon, in dem sie lange schläft. Nach einiger Zeit kommt sie als Schmetterling daraus hervor.

NOCH MEHR RATEN UND EXPERIMENTIEREN

Natürlich können die Geschichten auch viel länger sein und viel mehr erzählen, als die vier Gegenstände im Säckchen nahelegen: Hier sind die Kinder Meister ihrer Fantasie und können Ideen, Einfälle und ihr Wissen in die Geschichte einfließen lassen.
Machen die Säckchen den Kindern Spaß? Dann können immer zwei Kinder ein Säckchen mit vier Gegenständen ihrer Wahl bestücken und eine eigene, neue Geschichte im Morgenkreis zum Besten geben. Oder die Kinder tauschen untereinander ihre Säckchen und erzählen dann die passenden Geschichten. Legen Sie die Säckchen auch in Ihre Sprachförderkiste!

TIPP Ihre Säckchengeschichte ist so schön, dass sie nicht verloren gehen soll? Dann verwandeln Sie sie mit den Kindern in ein anderes Medium: Kleben Sie ein eigenes Bilderbuch zusammen, machen Sie eine Ausstellung mit großen Stationen-Plakaten, zu denen Sie die Spielzeugfiguren stellen, drehen Sie Ihren eigenen Film, Ihr eigenes Hörbuch oder denken Sie sich ein Theaterstück aus! Zu aufwendig und langwierig? Auch Rollenspiele in passenden Verkleidungen können schon Spaß machen. Vielleicht wird aus Ihrer Geschichte sogar ein ganzes Projekt?

Weg da!

EINE STATIONEN-GESCHICHTE ZUM MIT-, NACH- UND WEITERERZÄHLEN

Literacy, Fantasieförderung

Das brauchen Sie Blankokärtchen oder kleine Zettel • Buntstifte

Diese Geschichte können die Kinder mithilfe von Stationen-Kärtchen vielleicht schon bald selbst erzählen. Es geht um die Geburt von vier kleinen Küken und um einen sehr, sehr neugierigen Kater.

Die Geschichte

„Weg da!", ruft die Henne Hilde.
Der Kater Karlo erschrickt. „Ich wollte doch nur spazieren gehen!"
„Hier nicht!", sagt die Henne Hilde bestimmt.
Der Kater ist erstaunt. „Warum bist du denn so patzig?"
„Geh nicht so nah an mein Nest ran!", sagt die Henne Hilde statt einer Antwort.
„Warum denn nicht? Sind doch bloß Eier drin, wie immer?", wundert sich der Kater.
„Nein, das sind nicht einfach Eier!" Die Henne Hilde macht sich ganz groß. Sie fühlt sich sehr wichtig. „Das sind meine Babys!"
Der Kater muss lachen.
„Hahahaha, das sind doch keine Babys, das sind einfach nur Eier!"
Die Henne Hilde guckt böse.
„Nein, das sind Eier und in den Eiern sind meine kleinen Hühnerbabys."
„Kleine Vögelchen?", fragt der Kater erfreut. „Kann man die fressen?"
„Nein!", ruft Henne Hilde. „Das kann man nicht. Du bleibst schön hier weg!"

„Aber die schmecken bestimmt gut“, wendet der Kater ein. Er setzt sich vor das Nest und versucht, unter der Henne Hilde hindurch einen Blick auf die Eier zu erhaschen. Aber die Henne hat sich so auf die Eier gesetzt, dass man gar nichts sieht.
„Dir nicht! Du bleibst hier weg!“, ruft Hilde.
Der Kater ist enttäuscht.
„Ach so, na, dann geh ich mal wieder.“
„Ja, ab mit dir!“, gackert Hilde.
Am nächsten Tag kommt der Kater wieder vorbei.
„Sind deine Babys schon aus den Eiern rausgekommen?“, fragt er interessiert.
„Nein, das dauert noch“, sagt Hilde. „Weg mit dir!“
Der Kater geht weg, aber am nächsten Tag ist er wieder da.
„Sind deine Babys jetzt geschlüpft?“, fragt er.
„Siehst du hier vielleicht irgendwelche Babys? Natürlich sind sie noch nicht geschlüpft!“, schimpft Hilde. „Geh lieber weg!“
Der Kater geht weg, aber nach einigen Tagen kommt er wieder, um zu gucken, ob schon kleine Küken aus den Eiern geschlüpft sind. Und diesmal ist die Henne Hilde auch sehr gespannt.
„Es könnte sein …“, sagt Hilde und betrachtet die Eier neugierig, „dass heute eins schlüpft! Aber du lässt schön deine Pfoten davon!“
„Na klar, ich bin ganz lieb!“, verspricht der Kater. Er ist auch neugierig. Gemeinsam betrachten sie die Eier. Es dauert. Und dauert. Und dauert. Und … da hören die beiden plötzlich ein „Kracks!“ – und ein Ei bekommt einen Riss. Der Riss wird breiter. Und noch breiter. Ein winziger Schnabel erscheint, dann ein kleiner Kopf mit einem winzigen Körper dran. Das erste Küken ist geschlüpft und piepst.
„Gut gemacht!“, sagt die Henne Hilde und streichelt ihr erstes Baby.
„Darf ich auch mal …?“, fragt der Kater.
„Nein!“, ruft Hilde. „Du behältst …“
„… meine Pfoten schön bei mir. Ich bin ganz lieb, ich will nur zuschauen!“, sagt der Kater.
Da ist schon das zweite Küken geschlüpft und ein drittes befreit sich gerade von der Schale. Die Henne Hilde nimmt die Küken ganz nah zu sich, damit es die kleinen Babys schön warm haben und vor dem Kater sicher sind. Jetzt warten sie nur noch auf das vierte Ei.
„Na?“, drängt die Henne Hilde ganz nah an der Eierschale. Aber nichts bewegt sich.
„Halloho!“, ruft Karlo. Da bekommt die Schale wieder einen Riss und das letzte Küken schlüpft und piepst den Kater freundlich an.
„Du behältst schön …“, beginnt die Henne Hilde.
„Ach, ist das süß!“, schnurrt der Kater. „Diesen Küken könnte ich niemals etwas antun. Wie wollen wir sie denn nennen?“

MÖGLICHE STATIONEN

1. Die Henne und der Kater unterhalten sich.
2. Die Henne sitzt auf dem Nest, der Kater streicht um sie herum.
3. Die Henne und der Kater betrachten die vier Eier.
4. Das erste Ei bekommt einen Riss.
5. Das erste Küken ist geschlüpft.
6. Das erste, zweite und dritte Küken sind geschlüpft.
7. Der Kater, die Henne und die drei Küken warten auf das vierte Küken.
8. Das vierte Küken schlüpft und alle freuen sich.

Malen Sie die Stationen auf die acht Kärtchen. Legen Sie die Kärtchen dann aus. Nun erzählen die Kinder mit Ihrer Hilfe und indem sie die Kärtchen betrachten noch einmal die Geschichte nach. Zum Schluss können sie sich gemeinsam Namen für die vier Küken überlegen. Ob der Kater sein Versprechen hält und den Küken nichts tut?

Wer klingelt denn da?

EINE GESCHICHTE MIT KLÄNGEN ERZÄHLEN

Auditive Wahrnehmung, Literacy

Das brauchen Sie

Hexe Haselbasel: Klanghölzer
Klingel: Triangel

Auch Hexen können sich mal irren. Die Hexe Haselbasel hat einen ganz blöden Fehler gemacht. Mit Klängen und Geräuschen können die Kinder diese kurze Geschichte mit- bzw. nacherzählen.

Die Hexe Haselbasel liegt im Bett. Es ist ganz früh am Morgen und die Hexe ist seeehr müde. Sie hat beide Augen zugemacht.

zwei Schläge mit den Klanghölzern

Aber sie kann nicht mehr schlafen, denn es klingelt an der Tür vom Hexenhaus.

einmal die Triangel anschlagen

Die Hexe macht nur ein Auge auf.

ein Schlag mit den Klanghölzern

„Ich schlafe noch!“, ruft die Hexe.
„Komm später noch mal wieder!“

die Klanghölzer mehrmals anspielen

Aber kaum hat die Hexe ihr Auge wieder zugemacht …

ein Schlag mit den Klanghölzern

… da klingelt es schon wieder.

Triangel einmal anspielen

Jetzt macht die Hexe beide Augen auf.
„Ich sagte, ich schlafe noch, es ist noch ganz, ganz früh!“

Klanghölzer mehrmals anschlagen

Aber das Klingeln beginnt schon wieder.

Triangel nun mehrmals anschlagen

„Na so was!“, ärgert sich die Hexe. Sie zieht ihren Hexenumhang an und schlurft zur Tür.

langsam die Klanghölzer anspielen

Sie reißt die Tür auf und … nichts!

Stille

„Niemand da?“, fragt die Hexe und blinzelt mit den Augen.

mehrmals die Klanghölzer anspielen

Da klingelt es wieder.

ein Schlag auf der Triangel

Die Hexe schlägt sich an den Kopf! Das war ja gar nicht die Tür, sondern das war der Wecker!

Klanghölzer mehrmals anschlagen

Hinsehen & Erkennen

3

Was Hinsehen mit Sprachförderung zu tun hat? Eine ganze Menge. Die visuelle Wahrnehmung ist später beim Schriftspracherwerb sehr wichtig. Aber auch schon bevor die Kinder sich fürs Schreiben und Lesen interessieren, ist das genaue Erkennenkönnen von Mustern, Schemata und Motiven und das Denkenkönnen in Strukturen und Kategorien grundlegend für die kognitive Entwicklung. Mit lustigen Schau-genau-Übungen, Lerntabletts und multisensorischen Ideen trainieren die Kinder diese Fähigkeiten im Kita-Alltag ganz von selbst.

DIE VISUELLE WAHRNEHMUNG STÄRKEN

Zum „guten Sehen" gehören unter anderem auch die Augenmuskeln – und die kann man sogar trainieren: Augenrollen, nach oben, nach unten, zur Seite schauen … Augen-Fitness kann tatsächlich nützlich sein. Auch Entspannungspausen für die Augen im Alltag sind toll: einfach kurz die gewölbten Hände vor die Augen halten und die Augen können in der Dunkelheit kurz entspannen. Experimentieren Sie auch mit Spiegeln, Lupen, Gucklöchern und Schattenspielen!

Motive & Muster

Kommunikation hat auch mit den Augen zu tun: Lange bevor sich die Kinder für Buchstaben, Schriftzeichen, Ziffern und andere abstrakte Symbole interessieren, können sie schon Muster und Motive erkennen, unterscheiden und nachmalen. In diesem Kapitel geht es darum, diese visuellen Informationen zu erfassen und sinnvoll zu verarbeiten.

VISUELLE WAHRNEHMUNG IN DER SPRACHFÖRDERUNG

Wir nehmen in der direkten Interaktion Gesagtes oder Nicht-Gesagtes auch visuell wahr. Die *nonverbale Kommunikation* anhand von Mimik und Gestik ist ein wichtiges Beispiel. Kinder, die vielleicht schlecht hören oder noch nicht gut sprechen, lesen Laute oft von Ihrem Mund ab. Und generell hilft es Kindern beim Spracherwerb, wenn sie Gegenstände in ihrer Umgebung mit Sprache verbinden können. Darum ist es wichtig, dass Sie Ihre Handlungen immer verbal begleiten und erklären, was Sie gerade tun. Und umgekehrt hilft es den Kindern, wenn Sie Gesprochenes mit Bildern, Motiven oder durch Zeigen unterstützen. Zeigen Sie beispielsweise auf einen Gegenstand, um den es gerade geht, oder halten Sie ihn oder ein Kärtchen mit einer Abbildung davon hoch.

Schattenrater

ab 3 Jahren

EIN LICHT-UND-SCHATTEN-SPIEL FÜR ADLERAUGEN

Visuelle Wahrnehmung, Wortschatz

Das brauchen Sie eine Stehlampe mit verstellbarem Schirm • eine freie Wand oder helle Tür (ersatzweise ein Laken mit Wäscheleine und Klammern) • Spielzeug aus der Einrichtung, beispielsweise Kuscheltiere, Puppen, größere Spielzeugautos

Für dieses Spiel brauchen Sie nicht viel mehr als eine Lampe und etwas Spielzeug. Trotzdem kann das Spiel die Kinder über eine lange Zeit hinweg fesseln und ist in vielen Varianten nachspielbar. Toll, wenn die Kinder noch ein kleines Schattentheater ergänzen möchten!

Bevor Sie loslegen, müssen Sie mit den Kindern zuerst etwas experimentieren: Wie stellen Sie am besten die Lampe auf (oder halten Sie am besten die Lampe), um einen möglichst genauen, scharfen Schatten an der Wand oder Tür zu erzeugen, wenn Sie Gegenstände ins Licht halten? Die Kinder sollten zum Raten zwischen Lichtquelle und Wand Platz nehmen, damit sie nicht sehen können, was Sie ins Licht halten. Alternativ können Sie auch ein helles, großen Laken oder

Betttuch an einer im Raum gespannten Wäscheleine aufhängen. Dieser Aufbau hat den Vorteil, dass Kinder auch hinter das Laken kommen können, um anderen Rätsel zu stellen.
Zum Spielen halten Sie nun beispielsweise ein großes Kuscheltier ins Licht. Können die Kinder nur am Schatten erkennen, um welches Tier es sich handelt? Wählen Sie heimlich ein Kind aus, das sich vor die Lampe stellt. Erraten die anderen Kinder, welcher Freund hier gerade einen Schatten wirft?

SCHATTENTHEATER

Für ein Schattentheater müssen sich die Kinder eigentlich nur eine kleine Geschichte ausdenken. Aus Pappe können Sie nun kleine Figuren ausschneiden und auf Spieße oder Stäbe kleben. Schon können die Kinder die Geschichte mit den Stabpuppen als Schattentheater aufführen.

Beispielgeschichte

Es war einmal ein kleiner Esel. Der konnte so laut rufen, dass die Leute erschraken *(Eselpuppe zeigen, dazu laut „I-Ah!" rufen)*. Das hörte ein alter Rabe, der auf einem Baum saß *(Rabenfigur zeigen)*. Er sagte zum Esel: „Das hört sich ja schrecklich an, wie du rufst! Hör mal, wie toll das bei mir klingt!" Der Rabe krächzte mit seiner durchdringenden Stimme so laut, dass die Leute in die Hände klatschten, um ihn zu vertreiben.
„Das hört sich nicht viel besser an!", sagte der Kuckuck *(Kuckucksfigur zeigen)*. „Hört doch mal, wie toll ich rufen kann!" Und der Kuckuck rief: „Kuckuck!"
„Ha!", riefen der Esel und der Rabe. „Du kannst ja nur zwei Töne rufen! Da kennen wir aber jemanden, der viel schöner singen kann!"
„Und wen?", fragte der Kuckuck.
„Die Kinder aus der …-Gruppe *(Namen der Gruppe einfügen)*! Die können ganz toll singen!"

Im Anschluss können Sie mit den Kindern vielleicht das Lied „Der Kuckuck und der Esel" singen, bei dem es genau um diesen Streit geht.

Was stimmt hier nicht?

FEHLERSUCHE AUF DEM LERNTABLETT

ab 3 Jahren

Visuelle Wahrnehmung, logisches Denken

Das brauchen Sie Tabletts • kleine Spielzeug-Tierfiguren aller Art • Kram und kleine Dinge aus Ihren Schubladen

Mit diesen Lerntablett-Ideen können Sie immer ein Kind im Einzelkontakt (oder auch einmal ein Kinderpaar) beschäftigen und zum Knobeln, Rätseln und Aufpassen anregen. Die Lerntabletts passen auch, wenn ein Kind Ruhe oder einige Minuten Alleine-Zeit braucht. Größere Lerntabletts eignen sich auch als kleine Überraschung im Morgenkreis für die ganze Gruppe.

MORGENKREIS-SCHAU-GENAU-TABLETT

Legen Sie auf dem Tablett eine Reihe von Gegenständen aus, vielleicht Gegenstände, die zu Ihrem Projektthema passen: Acht verschiedene Muscheln und Schneckenhäuschen oder acht verschiedene Tierfiguren, acht Bilder oder acht Naturmaterialien (Kastanie, Esskastanie, Eichel, Buchecker usw.). Gehen Sie die Gegenstände mit den Kindern kurz durch. Dann sollen die Kinder kurz die Augen schließen und Sie nehmen schnell einen Gegenstand weg. Nun dürfen die Kinder wieder hinschauen: Was fehlt?
Das ist zu leicht? Dann verändern Sie in der nächsten Runde nur die Plätze zweier Gegenstände: Finden die Kinder raus, was hier falsch ist? Immer noch zu leicht? Nehmen Sie mehr als einen Gegenstand weg!
Diese Art von Schau-genau-Tabletts können sich die Kinder auch gegenseitig bestücken und sich ohne Ihr Zutun gegenseitig Schau-genau-Rätsel stellen.

SCHAU-GENAU-TABLETTS IN DER EINZELFÖRDERUNG

Für längere Guck-mal-Aufgaben können Sie beispielsweise Muscheln und Schneckenhäuser sortieren lassen (einfach) oder Tierfiguren in Säugetiere (Tiere mit Fell) und Nicht-Säugetiere (Tiere, die Eier legen) – schon merklich schwerer! Ein Training speziell für das logische Denken sind logische Reihen. Legen Sie beispielsweise einen Stein, dann zwei Kastanien, dann wieder einen Stein, dann zwei Kastanien. Kann das Kind die Reihe logisch weiterlegen (wieder einen Stein, wieder zwei Kastanien)? Hier können Sie Tabletts gleich mit mehreren Reihen gestalten, die von einfach bis schwierig reichen.

Buchstaben & Ziffern

Konkreter als Motive und Muster sind Zahlen und Ziffern. In diesem Kapitel lernen die Kinder spielerisch erste Symbole für Zahlen und Mengen und Buchstaben kennen. Am besten funktioniert das mit allen Sinnen.

WER HAT DIE BUCHSTABEN UND ZIFFERN ERFUNDEN?

In den Kulturen der Welt gibt es jede Menge Schriften: für Zahlen/ Ziffern und für Buchstaben. Gucken Sie sich mit den Kindern doch einmal verschiedene Schriften an, vielleicht arabisch, kyrillisch und einen Text in unserem römischen Alphabet. Ritzzeichnungen oder Malereien gab es schon auf Höhlenwänden. Sie waren die Vorläufer unserer Schriften. Später folgten Bilder-Alphabete wie die ägyptischen Hieroglyphen und noch später Silben- und schließlich unsere Laut- bzw. Buchstabenschriften.

Ich steh total auf Sieben!

ab 3 Jahren

ZIFFERN BALANCIEREN

Visuelle Wahrnehmung, vestibuläre Wahrnehmung

Das brauchen Sie Straßenkreide und/oder dicke, lange Seile
Alternativ: Klebeband – je nach Boden

Die Ziffern kennenlernen und sogar über ihnen balancieren: Mit ein paar dicken, langen Seilen oder Straßenkreide macht das Riesenspaß. Bei schönem Wetter draußen oder bei schlechtem Wetter im Gruppen- oder Bewegungsraum fördert dieses Spiel gleich zwei wichtige Lernbereiche: das Erkennen von Ziffern bzw. Zahlensymbolen und den Gleichgewichtssinn.

Ihren Kindern macht es bestimmt Spaß, mit den Kreiden auf Asphalt zu malen oder mit Klebeband interessante Muster auf Böden zu kleben. Wenn Sie keine Böden haben, die das erlauben, dann legen Sie einfach dicke, lange Seile aus. Malen oder legen Sie zunächst einfache Figuren, Kreise oder Os oder geschlängelte Linien. Können die Kinder diese Formen abbalancieren, ohne die Linien/Seile zu verlassen und ohne danebenzutreten?
Dann nehmen Sie nun die Lieblingszahlen der Kindernamen dazu. Fragen Sie auch: „Welche Zahl gehst du gerade ab?", um die Kinder immer noch einmal zu ermutigen, im Kopf die Formen bzw. gemalten Zeichen mit den Zahlen zu verbinden.

NOCH MEHR RATEN UND SPIELEN

Als Musikstopp-Spiel können Sie dieses Spiel ebenfalls durchführen, vielleicht statt mit Ziffern diesmal mit Zahlen: Legen oder malen Sie vier oder fünf verschiedene Buchstaben auf den Boden, beispielsweise A, O, I, M und E. Beim Musikstopp rufen Sie beispielsweise: „Alle auf das M!" Finden die Kinder den richtigen Buchstaben? Dann rufen Sie beim nächsten Stopp „A!". Für sehr clevere Kinder können Sie es ganz schwierig machen: Rufen Sie ein Wort, das mit dem Buchstaben anfängt, beispielsweise „Apfelmus!". Wissen die Kinder auch jetzt noch, auf welchen Buchstaben sie sich stellen müssen, ohne herunterzufallen oder sich gegenseitig zu behindern?

Schlingel-Schlangel-Buchstaben

BUCHSTABEN MIT BISS

Visuelle Wahrnehmung, Formenerkennen

Das brauchen Sie eine Tüte Fruchtgummischlangen oder -schnüre • sauberen Tisch oder Tablett • Teig nach Wunsch der Kinder oder Knetmasse

Den Blick für Muster, Buchstaben, bestimmte Formen und damit auch für Schrift können die Kinder schon jetzt schärfen. Dabei helfen diese lustigen Ideen, die Sie zwischendurch einbauen können.

Ganz einfach Kringel legen: Bieten Sie den Kindern dazu doch eine Tüte Fruchtgummischlangen an: Können die Kinder einen Kringel legen oder einen langgezogenen Kringel? Dann wissen die Kinder schon, wie ein O aussieht! Zwei Schlangen über Kreuz? Ein X ist entstanden! Eine Schlange längs und eine quer obendrauf? Fertig ist ein T! Können Sie einen Knoten in die Schlange machen? Diese einfache Vorübung kann noch weitergehen, falls die Schlangen noch nicht aufgegessen sind: Wer kann mithilfe mehrerer Schlangen den Anfangsbuchstaben seines Namens legen?

WAS IST EINE VISUELLE WAHRNEHMUNGS- (UND VERARBEITUNGS-)STÖRUNG?

Eine solche Störung ist (noch) nicht einheitlich definiert: Sie kann sich rein auf das Sehen beziehen (Aufnahme visueller Reize) oder auch das Verarbeiten der Sehreize mit aufnehmen und daraus resultierende Schwierigkeiten, bspw. kognitive Probleme, mit einbeziehen. Kinder, bei denen im Kindergartenalter eine visuelle Wahrnehmungsstörung auffällt, haben häufig Schwierigkeiten, Objekte altersgerecht nachzuzeichnen, manche Kinder sind ungeschickt mit den Händen und schnell überfordert bei Ballspielen oder auch bei Alltagsfertigkeiten wie Schuhebinden. Kinderärzte können dann eine ergotherapeutische Förderung oder bspw. Förderansätze nach der sensorischen Integrationstherapie oder Psychomotorik empfehlen.

NOCH MEHR RATEN UND EXPERIMENTIEREN

Wenn sich Ihre Kinder sehr für Buchstaben interessieren, schließen Sie noch mehr solcher Spiele an: Mit selbsthärtender Knetmasse können die Kinder aus gerollten Modelliermassewürsten ebenfalls Buchstaben legen und nach dem Trocknen bunt anmalen. Buchstaben können Sie auch aus Teig backen. Dieser Teig muss nicht süß sein, Sie können auch Pizza-Buchstaben aus Pizza-Teig oder Knusper-ABCs aus Blätterteig backen.

Fühlen – Malen – Kritzeln

4

Was kommt vor dem Schreibenlernen? Für den Schriftspracherwerb benötigen die Kinder im wahrsten Sinne des Wortes auch Fingerspitzengefühl. Denn neben der visuellen Wahrnehmung im letzten Kapitel ist auch eine bestimmte Feinmotorik nötig, um später all die kleinen Kringel, Zeichen und Krakel der Schriftsprache malen und schreiben zu können. Genau das trainieren und fördern die Ideen und Spiele in diesem Kapitel. Die Spielmaterialien und Requisiten dafür stellen Sie ganz einfach mit den Kindern aus vorhandenem Material selbst her.

DIE AUGE-HAND-KOORDINATION UND DIE FEINMOTORIK FÖRDERN

Gucken Sie sich im Internet um. Hier finden Sie auf vielen Seiten tolle Ideen für Selbstmach-Förderspielzeug. Aber auch ganz alltägliche Dinge trainieren die Geschicklichkeit der Hände. Nehmen Sie den Kindern knifflige Dinge nicht einfach ab, sondern lassen Sie sie selbst probieren, ob sie beispielsweise Schuhe binden, einschenken, fädeln und nähen oder reparieren können. Auch neue und interessante Materialien (ungewöhnliche Stifte, Pinsel aus Ästen und Gras, gefärbter Sand mit Kleister) und „echte" Werkzeuge haben einen hohen Aufforderungscharakter.

Mit Hand und ... Auge!

Bei den Spielen und Ideen in diesem Kapitel müssen Augen und Hand als Team gut zusammenspielen. Die Auge-Hand-Koordination ist wichtig fürs Schreiben(lernen). Aber auch viele andere Alltagsfertigkeiten erfordern eine gute Zusammenarbeit zwischen unserem Sehsinn und dem, was unsere Finger und Hände tun, vom Schuhebinden übers Brotschmieren bis hin zum Malen, Zeichnen und Schreiben.

VISUOMOTORISCHE FÄHIGKEITEN

Die sogenannte *Visuomotorik* ist ein wichtiger Teil der Entwicklung. Sie meint die Verbindung zwischen dem Sehen (der visuellen Wahrnehmung) und den darauffolgenden passenden körperlichen Bewegungen, beispielsweise beim Fangen eines Balles. Ein Teilbereich der Visuomotorik ist die *Auge-Hand-Koordination*, bei der es um die Koordination zwischen Augen und Hand/Händen geht. Sie beschreibt die Fähigkeit, unter visueller Kontrolle gezielt Hand- oder Fingerbewegungen auszuführen. Die Auge-Hand-Koordination ist für fast alle alltäglichen Aktivitäten wichtig, beim Malen, Tippen auf Tastaturen, beim Fahrradfahren und bei jeder Art von Sport. Sie ist auch grundlegend für das Schreiben(lernen).

Fingerhockey

EIN WETTSPIEL AM TISCH

Fingergeschicklichkeit, Auge-Hand-Koordination

Das brauchen Sie mindestens vier Eisstiele oder Holzspatel • Wattekugeln • Filzmaler • einen großen Bogen dicke Pappe (rechteckig, etwa DIN A3)

Klar, Hockey kann man mit Riesenschlägern auf Rollschuhen, Schlittschuhen oder einfach zu Fuß spielen. Hier erfinden die Kinder eine Tischhockey-Variante, bei der geschickte und schnelle Finger gefragt sind. Die Schläger bestehen aus Eisstielen.

Die Kinder bemalen die Pappe als Spielfeld mit zwei Toren – je einander gegenüberliegend an den beiden Schmalseiten und mit einer Mittellinie in der Mitte des Feldes. Nach Wunsch können die Kinder auch die Eisstiele oder Holzspatel mit den Filzmalern bemalen. In der Regel können am besten zwei Kinder gegeneinander spielen. Falls vier Kinder spielen und zwei Kinder jeweils ein Team bilden, können die Kinder beispielsweise Teamfarben und -muster festlegen, mit denen sie ihre Eisstiele bemalen.
Nun legen Sie die Wattekugel in die Spielfeldmitte auf die Mittellinie und das Spiel kann beginnen: Wer schafft es, mit seinem Stiel die Kugel ins gegnerische Tor zu schießen? Falls die Kinder sich zu sehr gegenseitig behindern, kann auch so gespielt werden: Jeder Spieler darf zunächst einmal versuchen, ohne Behinderung durch den Gegner von der Mittellinie aus ins gegnerische Tor zu treffen. Vielleicht hat jeder Spieler drei Versuche? Fragen Sie die Kinder nach eigenen Ideen zu Spielregeln!

NOCH MEHR SPIELEN, RATEN UND GENAU-GUCKEN

Mit Eisstielen können Sie auch tolle Puzzles herstellen: Legen Sie dazu zwei Eisstiele oder Holzspatel senkrecht nebeneinander. Die Kinder bemalen sie nun, indem sie beispielsweise ein Rechteck oder einen Kreis in einer Farbe ihrer Wahl mit Filzstift aufmalen. Die Motive sollten jeweils über beide (!) Stiele hinwegführen! Stellen Sie so mit den Kindern drei oder vier Paare her. Danach werfen die Kinder alle Eisstiele durcheinander. Können sie nun die Paare wieder korrekt zusammenpuzzeln?

Ein Frosch mit Haar?

EIN FINGERSPIEL FÜR DIE BALD-SCHULKINDER

Auge-Hand-Koordination, Aufmerksamkeit

MATERIAL FÜR DIE SPRACHFÖRDERKISTE

Fingerspiele sind echte Rundum-Förderpakete für die Sprachförderung, denn sie erzählen kleine Geschichten in Reimform, die sich die Kinder gut merken können. Sie fördern aber auch feinmotorische Fähigkeiten, wenn die Kinder sprachliche Informationen mithilfe ihrer Hände und Finger in Bewegungen umsetzen. Dieses Fingerspiel hat noch eine kleine Rechenaufgabe mit im Gepäck.

Ein Frosch, der wollte gern ein Haar,
denn Haare fand er wunderbar.

die Faust mit eingeklapptem Daumen hochhalten

Da wuchs ihm – schwupps! – eins, schaut mal da:
Da war es ja: das erste Haar!

den Zeigefinger ausklappen

Ein zweites wuchs – schwupps! – gleich hinterher.
Der Frosch, der wollte gern noch mehr.

den Mittelfinger zusätzlich ausklappen

Da kam das dritte Haar heraus.
Jetzt sind's schon drei: Applaus, Applaus!

den Ringfinger dazunehmen

Ein viertes Haar kam noch dazu,
das Fröschlein lacht und ruft: „Juhu!"

den kleinen Finger mit ausklappen

Die Haare wehen im Wind mit Gebraus,
hoffentlich fallen sie nicht wieder aus!

mit den vier Fingern wackeln

Da sprießen noch mehr Haare: eins, zwei und drei,
die kamen noch zu den andern dabei.

die andere Faust hochhalten und bei „eins, zwei und drei“ Zeige-, Mittel- und Ringfinger ausklappen

Wie viele Haare hat nun das Tier?
Wenn es sie nicht plötzlich alle verliert?

die Kinder die Haare an den Fingern abzählen oder zusammenrechnen lassen

TIPP Schreiben oder drucken Sie sich das Gedicht auf eine Karte und legen Sie es mit in Ihre Sprachförderkiste!

Finger-Feingefühl

Unsere Finger sind intelligent: Sie können tasten, fühlen, greifen, mit Fingern kann man zählen, rechnen und schließlich braucht man Finger und Hände zum Malen, Kritzeln, Zeichnen und Schreiben. In diesem Kapitel finden Sie Trainingsideen, um die Feinfühligkeit und Geschicklichkeit der Finger spielerisch zu unterstützen.

PINZETTENGRIFF UND ZANGENGRIFF: HEUTE NOCH WICHTIG?

Als *Pinzettengriff* bezeichnet man das Greifen von Gegenständen mit Daumen und Zeigefinger bei ausgestrecktem Daumen, beim *Zangengriff* ist der Daumen gekrümmt. Beide Griffe machen es möglich, auch kleine Gegenstände zielgenau zu greifen. Beim Schreibenlernen wenden viele Kinder dann den *Dreipunktgriff* an, beim dem der Stift auf dem Mittelfinger aufliegt, aber mit Daumen und Zeigefinger geführt wird. Wichtig ist nicht die Art der Stifthaltung (auch eigenwillige und besondere Methoden können sehr effektiv sein), sondern das Ergebnis: dass das Kind flüssig und ohne zu große Anstrengung schreiben (lernen) kann. Aber auch beim Tippen auf Tastaturen sind Auge-Hand-Koordination und Feinmotorik wichtig.

Bring den Schneemann zum Lachen!

FEINMOTORIK-MATERIAL SELBST GEMACHT

Auge-Hand-Koordination, Feinmotorik

Das brauchen Sie mehrere Bogen dicken, weichen Karton (Größe etwa DIN A5) • Finger- oder Bastelfarben • Pinsel • schwarzen Filzstift • Bleistifte • schwarze Perlen, Pompons oder kleine Knöpfe
Nach Wunsch: Klebstoff • verschiedene Pinzetten (Kinderpinzetten, lange und kurze Pinzetten)
Für die Alternativen außerdem: goldene und silberne Perlen oder Glitzersterne

Bei diesem Feinmotorik-Spiel können die Kinder ihre Fingergeschicklichkeit und ihre Geduld trainieren. Außerdem ist genaues Hinschauen gefragt.

Zeichnen Sie auf den ersten Kartonbogen einen großen Marienkäfer ohne Punkte. Auf den zweiten Bogen kommt ein Schneemann ohne Steine/Augen. Malen Sie alles mit Bastelfarben bunt an. Mit dem Hinterende eines Bleistiftes drücken Sie nun Vertiefungen dort ein, wo später die Punkte oder Augen bzw. Knöpfe/Steine hinsollen. Nun haben die Kinder die Aufgabe, dem Marienkäfer Punkte aufzulegen, indem sie je einen Pompon oder eine Perle mit einer Pinzette greifen und den kleinen Gegenstand in eine der Vertiefungen legen. So bekommt der Marienkäfer seine Punkte und der Schneemann kann Augen, Knöpfe, einen lachenden Mund etc. bekommen.

NOCH MEHR SPIELMATERIAL

Sie können auch mehrere Arten von Marienkäfern herstellen: Marienkäfer gibt es auch in Orange und Gelb mit schwarzen Punkten oder in Schwarz mit gelben Punkten. Statt Marienkäfern und Schneemännern können Sie auch einen dunkelblauen Himmel mit einer Mondsichel malen. Die Kinder bekommen nun die schwierige Aufgabe, mit der Pinzette kleine Glitzersterne aufzulegen.
Nach Wunsch können die Kinder die Sterne auch mit etwas flüssigem Klebstoff aufkleben und die Bilder dann mit nach Hause nehmen.
Weihnachten naht? Dann gestalten Sie einen einfachen Tannenbaum, auf den die Kinder bunte Pompons als Weihnachtskugeln auflegen können.

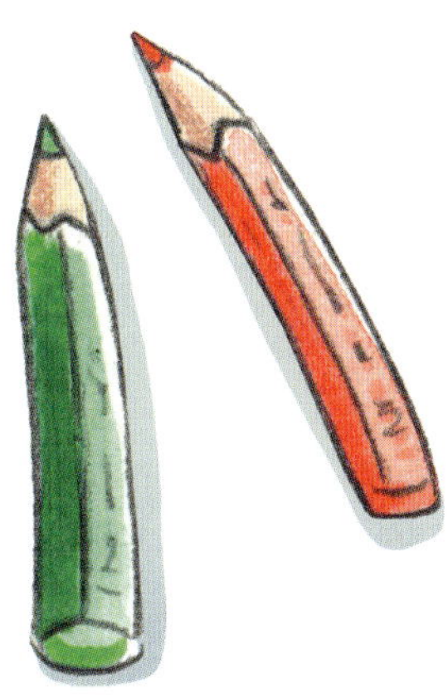

Fingeratelier

EINE SCHNELLE STECKAKTION FÜR GESCHICKTE FINGER

Feinmotorik, Propriozeption

Das brauchen Sie eine große Pappschachtel • Scheren • viele dicke, bunte Haargummis (mit engem Durchmesser) • Pappe oder Karton • Filzstifte mit dicken Minen

Wenn Sie viele bunte Haargummis günstig zu kaufen bekommen, dann macht diese Handverschönerungsaktion den Kindern bestimmt Riesenspaß. Nebenbei trainieren sie visuelle Wahrnehmung, Feinmotorik und das Gefühl in Fingern und Fingerspitzen. Räumen Sie alle Spielmaterialien einfach in eine Schachtel. So können die Kinder dieses Spielmaterial immer wieder hervorholen. Auch zum Farben(namen)lernen bietet es sich nämlich sehr gut an.

Die Kinder legen ihre Hände auf ein Stück Pappe oder Karton und umfahren sie mit einem dunklen Filzstift, und zwar so, dass jeder Finger umrandet wird. Die Hand schneiden die Kinder mit Ihrer Hilfe aus. Nun malen Sie jedem Finger einen oder mehrere Ringe in den Farben der Haargummis auf.
Die Kinder bekommen nun die Papphändchen und das Schälchen mit den „Ringen". Können sie die Haargummis so auf ihre eigenen Finger stecken, dass ihre Hand genau der Vorlage entspricht? Hierbei zählt nicht nur das korrekte Aufstecken, sondern auch die Erfahrung der eigenen Hände und Finger und die Schwierigkeit, die „Ringe" über die Finger zu schieben. Variieren Sie den Schwierigkeitsgrad: Hände mit vielen oder wenigen Ringen, mit Ringen in vielen oder wenigen Farben. Toll, wenn noch Zeit bleibt, damit die Kinder die Farben und Finger selbst zeigen und benennen können: „An meinem Zeigefinger habe ich einen gelben und einen grünen Ring, aber am Daumen habe ich einen schwarzen Ring."

NOCH MEHR FEINMOTORIK

Vieles, was vielleicht bei Eltern oder in der Kita in Schubladen herumfliegt, ist ein tolles Feinmotorik-Spielzeug: Schlösser mit Schlüsseln (vom Fahrrad oder ausrangierte Türschlösser) machen Spaß und fördern Muskeln und Beweglichkeit der Finger. Knopfleisten vom Bettzeug, das vielleicht weggeworfen werden soll, können Sie noch herausschneiden und für Knöpf-Übungen nutzen, genauso Reißverschlüsse, Klettverschlüsse oder Haken-Ösen aus ausrangierter Kleidung. Sammeln Sie Ihr Material in einer großen Feinmotorikkiste. So können die Kinder an „echtem" Material üben, das ihnen auch im Alltag tatsächlich begegnen wird.